你能行

做你自己，成功其实很简单！

【美】奥里森·斯维特·马登◎著
边晓华◎译　孔谧◎审校

文匯出版社

图书在版编目（CIP）数据

你能行/（美）马登著；边晓华译.-上海：文汇出版社，2011.8

ISBN 978-7-5496-0250-6

Ⅰ.①你… Ⅱ.①马… ②边… Ⅲ.成功心理学-通俗读物

Ⅳ.①B848.4-49

中国版本图书馆CIP数据核字（2011）第125800号

你能行

作　　者 / 奥里森·斯维特·马登

翻　　译 / 边晓华

审　　校 / 孔　谧

责任编辑 / 乐渭琦

装帧设计 / 多多设计

出 版 人 / 桂国强

策　　划 / 光　南

出版发行 / 文汇出版社

上海市威海路755号

（邮政编码200041）

经　　销 / 全国新华书店

印刷装订 / 广州市诚誉彩印有限公司

版　　次 / 2011年8月第1版

印　　次 / 2011年8月第1次印刷

开　　本 / 720×960　1/16　字数 / 180千　印张 / 15

书　　号 / ISBN 978-7-5496-0250-6

定　　价 / 32.00元

目录

谨将此书送给渴望成功的你，
希望你从马登的书中，能获得兴奋的影响，成功的奥秘。

您也许听说过美国著名的“**吸引力定律**”，本书所讲述的内容正是这条风靡全球的定律的出处。

世界上的成功者无数，但他们当中没有一个是悲观者。

您也许听说过美国著名的“吸引力定律”，本书所讲述的内容正是这条风靡全球的定律的出处。

每个人都是一座宝库，里面蕴藏着无尽的资源。开启宝库的钥匙不是父母、不是学校、也不是社会，而是我们自己。

究竟是谁决定着我们的一切？家庭背景，教育程度，还是上帝？都不是，是我们自己。

爱能治愈一切思想痼疾。

勇气将打破所有困难坚冰。

在这本书的翻译过程中，译者不止一次被感动得热泪盈眶。

马登激励了一代美国人，不知为何，我竟然觉得这本书与我“相见恨晚”。

激发自己的潜能

在人的一生中，无论何种情形下，你都要不惜一切代价，走入一种可能激发你的潜能的气氛中，可能激发你走上自我发达之路的环境里。努力接近那些了解你、信任你、鼓励你的人，对于你日后的成功，具有莫大的影响。

送给
渴望成功的你！

Chapter 1
你的金矿
The Magic Mirror

人们常常因为不了解自己的弱点而受到责备，
然而更多的时候，
人们却恰恰不了解自己的优势所在。
人好似一片土地，
有时候自己并不知道自己竟然还潜藏着一座金矿。

▩004 你能行

传说中有一面能够带来奇迹的魔镜，于是来自世界各地的朝圣者都纷纷前来，希望能够照上一照。

据说这面魔镜能够让你看到真实的自我，魔镜中的你也许并不是你的朋友或敌人所看到的那样。

有一次，一个朝圣者来到魔镜旁边。他是个极为谦逊之人，甚至还有点看不起自己的味道，他从来没有想过自己会在这个世上做出什么惊人之举，但是他却惊奇地在魔镜中看到一个全然不曾想到过的自己。

在魔镜中，他清楚地看到自己的形象，一个完全不同的形象，强壮、自立、浑身散发着男性的魅力。他并没有看到自己认为的那些弱点和缺点，他的能力也丝毫都不亚于任何人。在魔镜中，他的脸部和平时截然不同，那是另外一张脸，找不到任何瑕疵，也看不到虚弱的线条，但这张脸却和他的脸极为相似。他惊异地看着魔镜中的自己，形象越来越清晰，最后，他终于意识到，那是他的另外一个自我，一个更高层次的自我，这个自我已经等待他许多年了。

这个优秀的人正是上帝期望他成为的那个人，他极有可能成为眼前看到的这个人，而不是自己心中那个软弱的、渺小的他！

魔镜中的形象深深地留在了朝圣者的脑海中，令他一直无法忘却，因此他不停地努力，要将自己打造成魔镜中的形象。他不断提高自我要求的标准，通过各种途径克服自己的弱点、改正自己的错误、提升自己的外表形象，与此同时，魔镜中那惊鸿一瞥留给他的印象也渐渐成为了他生活中的一个部分。

最后，一直存在于他脑海中的那个完美形象终于变成现实，取代了当初那个胆小、怯懦、自卑的他。没几年的功夫，他的整个外在形象、内在思想，他的举止、风度，他的一切都发生了彻底的改变，一直到今天，他仍在不断进步。

实际上，他现在比魔镜中所看到的那个人还要棒。

不仅如此，这几年来，他的事业蒸蒸日上，获得的成功也远远超出自己的预期。即便在这个时候，他仍然说自己才刚刚开始发挥潜力。

倘若有人告诉你，你可以看看魔镜中的自己，它会告诉你，你将成为一个大有前途的人，而不是自己想象中的弱者，那么，你愿意尽自己最大的努力来获得这份优势，实现魔镜的预言吗？

或许你并不知道，这正是现代生活哲学将带给你的影响，它让你拥有一个全新的概念，让你明白人类同造物主之间有着千丝万缕的联系。它会让你看到另一个更强大、更高尚的自我，也就是你想要成为的那一个人。但是，种族信仰或遗传特征等诸多不利因素会影响你，让你迟迟未能发现它的存在。它不仅会告诉你，在你自认为渺小的自我之下，还潜藏着一个极具潜力的自己，它还会告诉你，你能取得什么样的成就。

它不会将你已经做了的小事情显示给你，它将显示给你的，是要去做的大事情。

这种新的生活哲学要远胜于传说中的魔镜，因为它不会将那个令你失望的人、无法实现最初承诺的人、毁掉你的志向的人呈现在你面前。它也不会显示出一个软弱无能、胆小怕事、缺乏自信、一事无成的人。他就像是一道思想X射线，穿过表面的你，探测到你深层的内容，它能发现你未曾开采过的宝矿，它能看到你的潜在的可能性与有待发展的能力。它将告诉你，你有自己的能力，从而树立起你对自己的信心，帮助你最大限度发挥自己的能力，让你实现自己渴望已久的愿望，成为理想中的人。

在这个世界上，最具难度的一件事就是让人们相信自己是一个了不起的人，让人们相信自己的能力。

如果我们对自己潜在的能力有一个更全面的了解，更信任自己，那么，就算那些已经取得一定成就的人，他们完全能够获得更大的成功。如果我们对人类的神圣有更多的了解，我们定会有更强的自信。

一些守旧的、正统的理念认为人类是微不足道的，这种理念削弱了我们固有的能力。

然而，人类是上帝的杰作，人类根本不可能是卑微的，一切卑微的思想都是人类强加于自己的，上帝制造的东西是完美的。

但问题就在于，大多数按着上帝的意愿所创造出来的人类，仅仅在进行着一场场拙劣的表演，其原因就是对自己没有坚定的信心，不了解人类非凡的潜能。所有的自卑感、所有的失败都源于我们没有看到自己同上帝之间亲属关系。

一位已经离开大学多年的哈佛毕业生在最近写给我的一封信中说，因为他缺乏自信，所以每周的收入从来没有超出过十二美元。

一位普林斯顿的大学毕业生说，除了较短的一段时期之外，他每天的收入从来没有超过两美元。

这两个人都具备一流的知识水平，不论从脑力上还是体力上来讲，都应该是能够做出一番大事业、取得巨大成功的人。但他们都是失败者，只因为他们不敢承担责任，他们的胆怯和缺乏自信将自己的效率破坏殆尽。从他们获得的物质资料来看，他们所受的教育、他们健康的体魄、他们的天赋才能都统统被埋没了，只因他们对自己的信心不足。除非他们看到了自己作为上帝之子身上所具有的非凡品质，除非他们做出一些改变，否则，他们将一事无成，永远是一个失败者。

新的生活哲学这面魔镜让我们能够将自己看作是上帝的孩子，上帝将他无穷的力量赐予我们，它告诉我们，自卑是一种罪恶，人生来就是一个征服者，而不是一个奴隶；是一个成功者，而不是一个失败者。

要充分利用上帝赋予我们的与生俱来的非凡的力量，以最大的程度发掘自己的潜力，而不是像大多数人那样，长期运行在自己的能力之下。如果你的情形和前面提到的哈佛、普林斯顿大学的那两位毕业生差不多，因无法取得进步而感到失意、郁闷，总处在不利的情形之下，那么，这种新的生活哲学能够对你起到最大帮助作用。它将有助你成就理想中的你，那个上帝早已计划好的更充实、更伟大的你。它能够帮助你将以往那个不成功、平庸的你踩在脚下；它将有助于你实现和发展自己的潜能，不再像过去那样胸无大志，只着眼于简单的工作。

现在，你心中那个给你力量和支持的形象，那个你神交已久的形象正是理想中的你自己，你将逐渐接近他，并在思想模式上超越他，然后重新树立一个更强大的自我，一直到你彻底脱胎换骨，成为你理想中的、你渴望已久的经典形象为止。

你能做到，因为这就是你本来的面目。换句话说，只要你心中还留有那个有缺陷的、能力平平的老形象，你就无法继续前进。

如果你想要向上爬，想要摆脱自己为自己设定好的陈规俗套的束缚，你就必须同那个旧的自我彻底脱离关系，旧的自我从来都看不到你的潜能，总是在阻挠你的志向，让你不断对自己失望。你必须永远从自己旧的模式中退出来，不断扩大和提高自己的精神层面，并且尽自己最大的努力去达到自己设定的目标层次。

对你最为重要的，也就是和你密切相关的并不是你那渺小的、卑微的自我，也不是你那缺乏勇气、沮丧的自我，而是那个更大的、更有气概的、更宏伟的自我。魔镜中，你看到了自己的灵魂深处，那是上帝在创造你之初就早已打下的伏笔，魔镜中不会出现那个渺小狭隘的、软弱无能的人，因为这个人是你的恐惧与错误的产物。

魔镜中，你将看到一个伟大卓著的人，这才是当初上帝对你的期许。

你的言行举止、思维模式和生活方式一定要同魔镜中的你相一致，那么你定能同你的造物主保持和谐，而不是逆着他，这样你就会实现他的计划，你将以一个成功者而不是以一个失败者的形象立足于天地之间。

Chapter 2 新的生活哲学

The New Philosophy of Life

一个坚信自己拥有超凡能力的人，
不论是在遇到突发状况之际，
还是陷入困境之时，
他都不会感到害怕，更不会失去勇气，
因为他深知自己具有的非凡能力会立刻发挥作用。

埃默森说过，“我身上具有的神性让我更加坚强，若失去了上帝之灵性，我必将丑陋不堪。”

正是这样一种理念：上帝亲手将他的能力赋予了我们，人类应该对自身的非凡能力深信不疑。它告诉我们，上帝是一切，人类是上帝的化身，人类继承了他神圣的力量与特性。我们不应该再自暴自弃地认为，人类从一开始就做了令上帝不悦的事情，所以，我们生来就是有罪的，有过错的，丧失了本应具有的圣洁与权利，因此，人类只能是凡尘中微不足道的一种生命形式。

相反地，我们应该相信，人类依靠这种神圣力量能够将自己提高到与上帝同一个高度，类似于上帝。这种哲学将人类看作是上帝之子，而不是被上帝丢入尘世的罪人，因此它不断让人类学会尊重自己。它不但没有按照旧的宗教眼光视人类为软弱的、背负罪孽的、次等的生命，相反，它视人类为高贵、卓越、神圣的生命；它不但没有将人类贬抑作无助的、同上帝分隔的生命，而是以恰好相反的眼光看待人类，它能看到每个人的超凡之处。

这种有关人类以及人类同造物主之间关系的全新概念赋予了人类全新的意义、让人类有了全新的尊严，因为它表明，人类不仅仅是人类，每一个人都是一个成长中的上帝。它告诉我们，人类并非为祖先承担罪责的牺牲品，它彻底粉碎了人类注定就无法尽情施展自己的理论。他告诉人类一个事实，人类从神圣的祖先那里获得的是一种力量，而不是一种阻碍与不利因素。它坚信，人类是命运的主宰者，这种天性中固有的品质使他能够按照自己的意愿做自己想做的人。

大多数人面临的最大的一个问题是，我们不太相信自己具有的超凡能力。

我们的思想里充斥着守旧的神学思想和种族信仰，总觉得我们自己是无助的，是凡尘中的听天由命的微弱生命，我们能做的唯一的一件事就是向造物主祈求帮助。有一个故事讲述了一个不知道自己出生于皇室，拥有皇家血统的王子的成长过程，这个故事或许会为大多数人带来一点启示。

这个古老的故事大致内容是这样的：有一个很有威望的国王，他十分担忧自己唯一的儿子、王位继承人因知道自己将成为国王而变成一个骄奢淫逸的年轻人，为了避免这种事情的发生，国王决定让王子在不知道自己的血统和未来将要继承王位的情况下长大成人。因此，在王子尚处幼年时期，国王便悄悄地将他送给了一对住在森林中的伐木人夫妇，并嘱咐他们要像对待自己的孩子那样对待王子。国王和王后从此便再没有去看过王子，也没有同他们有过任何联系。除了伐木人夫妇，谁都有不知道王子的身世秘密，王子身上穿着同其他孩子一样的衣服，从小就学会了劳动和学习，努力做最好的自己。

一个从小在宫廷长大的孩子往往会因奢华的生活和包围在身边的谄媚而变得意志薄弱，这一切甚至会毁掉他的品质。然而小王子却过着极为简单朴素的生活，全然不知什么叫奢侈，什么叫阿谀奉承。

最后，王子长成了一个高大健壮的毛头小伙子，一个马上要步入成年的意气风发的少年。这时，宫廷里派了一个信使来到伐木人家里，要将王子带回皇宫，直到这时，王子才知道自己的亲生父母是谁。

大多数人都是那个生活在贫穷的伐木人夫妇家里的小王子，我们不知道自己是谁，不知道自己高贵的身份，不知道自己具有上帝赋予的神性。

我们压根就对自己潜在的超凡能力毫无察觉，而这种力量却一直等着我们去支配。

新的生活哲学揭开人类身世的秘密，给了我们一把打开潜能宝库的钥匙。

它让我们懂得了正视自己，如何成就真实的自己。

它也向我们指明，人一直以来寻求的帮助只不过是外在的帮助，而人类所有的资源和财富其实都蕴藏在内部，这种力量会源源不断涌现出来，成为他成功的动力，令他找到自我满足和幸福的源泉，让他找到那个属于自己的上帝。它让我们用全新的精神面貌、勇气和动机来面对生活，它是一个充满希望、愉悦与信心的实践过程，永远不会令你失望。它能驱散恐惧和焦虑的阴霾，还心灵以平静与幸福，它为我们确立了一个崭新的世界观，为我们铺平了一条欢乐之路，它是人类下一个黎明前的领路人。

通过人生，我们了解到，人类并非渺小卑微，每一个人身上都有一种超凡的潜力，这种潜力就锁定在我们身体里。它会告诉那些在生活中遭遇到不幸的人，那些感觉自己被社会抛弃，什么都不是，只是一个乞丐的人们，他们的想法错了，他们其实是国王的孩子。它告诉人们，在肮脏褴褛的衣衫下面，是上帝按照自身创造出来的形象，有时候，这就好像是我们发现了一幅被丢弃的旧画，上面厚厚地覆盖了一层污垢，让画面几乎难以辨认，画作者的名字字迹斑驳，模糊不清，让人觉得它毫无价值。但是，如果你将这幅画清理干净，还以它的本来的面目，你会发现，这幅画其实是出自名师之手的无价之宝。它告诉那些被世俗玷污的人们该如何找到真正的自我，也就是那个上帝亲自创造出来的你。

许多人活了半辈子，甚至大半辈子，却从来未曾想到过自己身上竟然蕴藏着巨大的潜力，这种潜力一直处于封锁状态，直到有一天，一种看待上帝、看待人类、看待二者之间关系的全新观念为他打开了一扇通往内在宝库的大门。

这种新生活哲学的核心内容为人们提供了最理想、最实用的建议，让人们切实看到了真理，找到了真实的自我。

绝大多数人都难以摆脱恐惧与焦虑的摆布，他们惧怕贫穷，惧怕失败，惧怕疾病与痛苦，惧怕意外事故与天灾人祸，惧怕一切竭力要避开的事情，因此，他们总是不停地考虑这些事情，结果，这些害怕发生的事情反而被他们的思想吸引而来。他们的思维总是停留在这些抑郁的想象之中，久而久之，便会在自己的潜意识中留下一道深刻的痕迹，这道痕迹会逐渐影响到他们的生活，在他和许多美好的事物之间竖起一道高墙，从而阻碍了他接受更好的事物的可能性。

新的思维方式却正好与之相反。

这种新观念坚持认为，我们必须要想着自己的愿望能够得以实现，而不是朝相反的结果去想。

它告诉人们，如果人们希望得到健康，如果人们希望自己强壮充满活力，就必须要持有健康的理念，必须将自己想象成一个体格完美、强壮和富有活力的人。同样，如果人们想要发达昌盛，取得成功，摆脱贫困的纠缠，我们决不能去想一些贫穷和失败之事，而是要朝相反的方面去想。

举个例子来说明，如果我们的神态举止、我们所相信的和所怀疑的、我们的恐惧都在透露出某种信息，那么，财富必定会被我们赶跑。这个信息就是，“不要靠近我，财富，你不属于我。虽然我对你的渴望超过了一切，但是，我却认为自己永远也不会拥有你。我只不过是一个普通人，从来也没指望过取得成功。我的所有亲戚都很穷，他们只不过是能将日子过下去而已，我也从来没想过能比他们强，我能生存就可以了。这个世界上有那么多美好的事情，但我都没想过，这么幸运的事恐怕轮不到我。作为一个年轻人，我也是有抱负的，但是，无论我工作多么努力，好运似乎总是与我无缘，我感觉，竭尽全力、努力地去追求去赶超那些生来就很幸运的人似乎起不到太大的作用，所以我也就下决心不再去想有一天我会富有、独立。”

新的生活哲学向我们表明，如果我们想要在这个世界上取得进步，我们就必须有一个积极乐观的态度。它告诉我们，想要发达，我们就要遵守成功法则,因为上帝所赋予我们的财富绝不可能流向一个悲观厌世、心存疑虑、不愿去相信的人，疑虑和恐惧早已截断了成功的通道。

今日的新理念很明白地告诉我们，我们正是为了成就理想中的自己才来到这个世上，因为我们始终都在朝着理想的方向前进。它表明我们所渴望的事情正是我们为之祈祷的事情。如果我们带着信心和不变的信念为之努力，坚信自己会有收获，那么，我们必然会有所收获。但是，如果我们认为生活中的美好事物不属于自己，如果我们就连想得到它的欲望都没有的话，我们再怎么努力工作也是枉然，成功不会找到我们头上。它告诉我们，我们要一直将自己看作是幸运的人，我们应当过上美好的生活，因为我们是上帝的子女，因此，我们有资格获得美好的事物，有资格获得成功，拥有自己所需要的东西。

简而言之，新的生活哲学将展示给我们，人的思想、情感、情绪和欲望都就像是一粒粒种子，只有将它们播撒出去，才会有所收获。

直到最近，我们才知道，我们总是不断向着自己所渴望的、所担心恐惧的事物靠拢；我们总是朝着自己思想所指引的方向前进，正是这种思想奏出了一个人生命的主旋律，不论他的个性如何，身体里的每一个细胞都同这只主旋律保持着相同的基调。

新的生活哲学十分清楚地阐明了一个观点，它告诉人们该如何将自己渴望的东西吸引过来，而不是用消极的、打击性的思想和错误的生活态度将它们赶走。它教会人们如何去积极地看待生活，它让我们以建设性的、富有成效的，而不是以消沉和毁灭的态度去看待生活。它会让人们明白，如果我们视自己为不幸的人，总是在谈论自己的命运如何多舛，那么，这种自我诋毁最终会让我们想象中的那个形象活生生地出现在实际生活中。它警告我们，一切质疑、痛苦的想法都是消极的，如果我们肆意滋长这种想法，那么，我们必然会毁掉、削弱所有在乐观积极时候树立起来的对美好事物的希望。

怀疑是人类一大的叛徒，它几乎能够以最大的程度扼杀一个人的能力，导致许多优秀的人就此成为了平庸之辈，让更多的人成为了生活中的失败者。

每当我们妥协，每当我们失去信心，每当我们沮丧泄气之时，便是我们让自己的思想变得消极之时，便是在我们在通往成功、平和、幸福的道路上竖起障碍之时。它时刻提醒我们持有这种全新的对上帝的看法的必要性。

埃利奥特博士说，这种全新的信仰观念将会是未来宗教的主要特色，它将成为人类具有伟大的创造力的最好见证。如果我们能够带着这种思想去生活，我们将不再怀疑、无所畏惧。

这种全新的思维方式正在为成千上万的人开创一个全新的世界，它为人们带来一个现实生活中的上帝。它告诉人们，人类因具有思想而神圣，而思想恰好能将你潜藏在深邃智慧中的无限财富充分挖掘出来。

我们的潜力是无穷的，因此人类无穷的智慧和能力一经触发，我们的理念注定会随之而改变，人类的命运也会随之而改变。它赋予人类一种全新的意义，人类已不再是次等物种。旧的神学理论将人类称为可怜的不幸的背负罪恶者，他早已抛弃了自己上帝之子的身份，被放逐于神圣大家庭之外。但是新的哲学则重新强调了人类固有的权利，用人类之神圣再一次丰富了基督的信条。

在整个历史里程，基督是唯一能够对人类的伟大与神圣真正给出一个正确估计的人。基督总在不停地强调人类巨大的可能性，他能够看到人类是上帝的化身。新的生活哲学的任务就是要我们找到上帝眼中的那个更伟大的自己，去揭开自己潜在的能力，我们自身就拥有救世主的能力。那么，我们何不向他学习呢？我们和基督又有什么差别呢？基督之所以与我们不同，是因为他实现了作为上帝之子的自我，他内在强大的力量被唤醒并得到了充分的发挥。

你的这份内在力量会日臻完整、强大、成功，会令你过上美好而合意的生活；你的内在力量将会令你永葆青春、充满欢愉和快乐；你的内在力量会让你永远生活在喜悦与惬意中；你的内在力量会令你时刻处于愉快的心情中，甚至可以超越愉快。只是这份力量或许还尚未觉醒。

新的生活哲学将唤醒你蛰伏的力量，让你同千千万万受益于此的人一样，重新找回自我，它将帮助你打开封锁的力量，你或许从来都不知道自己竟然拥有如此强大的力量。它将让你获得克敌制胜的方法，帮助你战胜自己精神上的敌人。它将告诉你如何克服恐惧，如何让自己意志不再消沉，如何摆脱沮丧低落以及其他一些不利于精神健康的情绪的影响。它将教会你如何治愈失眠、焦虑、犹豫等由于消极、病态想法所导致的慢性“精神疾病”，让你知道如何拥有一个积极健康的心态。

现代科学已经证明，一切消极的思想和情绪都会在人体中发生化学反应，产生出有毒物质。有数不清的人生活过得很苦恼，那是因为他们的嫉妒、憎恨、不友善、不宽容在不知不觉中毒害了自己的思想和情感。

新的哲学认为，一切侵害他人思想、引起他人抑郁、烦恼或带给别人任何痛苦的行为，必将会为自己带来同样程度的伤害，因为任何一种邪恶的思想都像是一个回力镖，最终会返回来击中那个发出它的人。

这种新型的说教一直以来都在反对并遏制人性中兽性或丑恶的一面，它告诉我们，对任何人都不要抱有看不起、嫉妒、眼红、自私、憎恨、复仇、色欲的想法，它告诉我们，如果我们用怀疑、不信任、的眼光，带着嫉妒、眼红或憎恨的心情去看待他人，那么，我们在激起别人自惭形秽的感觉的同时，自己的思想中也就不可避免地产生了这种想法。

它不断地强调思想的力量与重要性，督促我们只能将善意的、完美的、有爱心的思想信息散发出去，因为上帝在将自己的形象赐予人类的同时，也将自己的思想给了人类。它让我们明白，呼唤人类身上的神性，也就是上帝具有的品质的唯一方法，就是服从他的天性。

这也正是为什么新的生活哲学要求我们将每个人都看作是一个上帝的化身，要求我们必须将其他人看作是一个拥有超凡的潜力的人，而不是一个浑身是缺点、常常失败、成就平平的人。它要求我们呼唤出人性中最好的一面，朝着最好的方面去想，给他人以最大的信任，因为只有好的意愿才能够激发他人好的一面，你的兄弟姐妹身上体现出来的上帝的品质同样也能够在你的身上看到。你若一味地憎恶或鄙视他人，你将永远也无法唤醒其他人灵魂深处沉睡着的爱心与高贵。

基督向我们提出了“要爱自己的敌人”的信条，这个信条就算是在教堂之中都是几乎不可能实现的，但据我们今天所知，它却是绝对科学的。爱是恨的天然解药，我们都知道，憎恨、嫉妒、是无法在爱的氛围中长时间存在的，因为爱是这些情绪的解药，就好像水天然就能够灭火一般。此刻我们发觉，基督的每一句话都是有道理的，冤冤相报何时了，憎恨永远也无法消灭憎恨，只能是火上浇油。然而几个世纪以来，人们却一直试图带着更大的情绪之火去灭憎恨之火，这种做法极不科学，就好像是用煤油去灭火一样。“以德报怨”，或许有朝一日，对你数年来恨之入骨的人最终会对你报以友善的一笑，主动向你伸出手来，因为你对他的友好态度早已经将他的怒火扑灭，将他的憎恨瓦解。

这种全新的、能够由内而外彻底治愈精神创伤的解药，其美妙之处就在于它是现成的，随时可以拿来使用的。我们也无需吝惜自己的爱或刻意将它贮藏起来，因为爱这种美德取之不尽，且永不变质，唯一能够让爱变得不纯或贬值的人只有我们自己。每年都有许多人死于中毒之后没能及时解毒。但是这种新的生活哲学所提供的解药却无需须臾的等待，我们不必要叫医生来，也不需要拿着药方去药店买药，我们就是自己的医生，药方就在手边，它能解除任何思想毒素，平衡所有精神方面的失调、不协调或矛盾。它将消灭你精神上的敌人，你健康上的敌人，导致你生病的敌人，你效率的敌人，你成功的敌人，你幸福生活的敌人，以及所有能破坏你思想平衡，在总体上破坏你的舒适、和谐和快乐的敌人。

这种新的生活哲学有一个最基本的原则，即对于我们不希望发生的事情，我们就永远也不要去想，不论它是有关我们自己还是有关于我们的健康、成功、能力、个性特征方面的事，因为我们的思想，我们的信念，我们所坚持的都能够通过新陈代谢融入我们的每一个细胞当中，成为我们无穷的动力。

举个例子，如果你总是责怪或瞧不起自己，不停地对人们讲述你的错误、你的失败、你的缺点，说自己记忆力不好，记不住事情，或者永远也比不上其他人，再或者你认为自己一定有什么地方出了问题，因为你总是犯一些低级愚蠢的错误。那么，所有这一切想法都有悖于这个基本原则。因此它告诉你，一定要下意识地抵制一切自卑的想法，因为如果你认为或者称自己为一个失败者、一事无成的人、不幸运的人、弱势的人、缺乏活力的人、精力不够旺盛的人、总担心自己会生病的人、担心自己这也不行那也不行的人、担心自己受到不良的影响的人，那么，这种贬低自我的语言，和这种感觉会有坏事发生在自己身上的念头往往会将这些不好的事情吸引到自己的生活中去。

这种“我办不到”、“我不敢”、“我害怕”的消极哲学理念永远也不会让人有任何成就，它限制了我们，让我们哪里都去不了，因为从来没有哪条法则说，认为自己无能的人会做成什么事情。新的哲学信条非常赞同这一点，它认为，不论任何事情，要想胜出，就必须有一个积极的思想态度，坚信我们会获胜。它有助于我们获得成功，给我们信心和鼓励，因为它告诉我们，我们并非被残酷的命运之神抛到一边的木偶，我们是万物主宰者之子，具有除了自己，任何力量都无法触及的权利。它认为，我们的生活不是取决于偶然，也不是取决于运气，而是取决于一个亘古不变的原则——我们可以全盘规划自己的事业，如果我们按照这种新的生活哲学去生活，那么，我们的生活将会从出生到死亡一直处在进步当中。

这种新的哲学让我们对人类社会的许多问题有了全新的理解。它让我们明白了活着的真正意义，让我们看到了自己同整个宇宙，同上帝之间的关系。它向我们表明，现有的一切都与我们有关，因为我们是伟大的造物主的一个部分，是我们同他共同创造了这个世界。

它让我们明白，生活不是一场抢夺大赛，不是要将别人的东西占为己有。它公然反对财富崇拜，反对金钱万能，反对让人类的灵魂散发出铜臭味道。它反对不择手段、不顾他人的利益达到自己的目的，它反对“强势就是权力”的信条，反对有钱有权的人恃强凌弱，也不认为弱者和穷人就有更好的感情，更为敏感。它反对全国上下到处可见的，几乎波及到每一个人的手足相争，相互掠夺的现象。它反对一味地迎合人类的动物本能，反对浪费生命，浪费一个人本来拥有的才华。它督促你从自己最底层的动物本能和倾向中走出来，进入你天性中更高一层的、由智慧和品质所掌控的层面，那里将是你灵魂的画室。它将改变你的品味、你的欲望，因此，你所渴望的将是真、善、美的东西，你将会渴望那些令你进步的事情，那些激发你的天性更向上，更高贵的事物，你将获得自己希望的一切。

这个信条能够将我们自己未被发掘的能力显示出来，它能发现我们的另一半自我，这个自我一直在静候着我们的召唤，随时准备着为我们服务，帮我们打赢生活这场战争。它激励着每一个勉强度日的人，每一个尚未实现自己的希望与理想的人，每一个步入而立或不惑之年却仍在为生活奔波，没有自己的用武之地，没有一个家，没有工作，没有朋友，不具备过上理想生活的能力的人。不论你是失败者还是觉得自己是失败者，如果你觉得自己没有未来，如果你打算放弃或早已放弃努力，如果你仅仅是生存而不是生活，它将告诉你如何恢复失去的信心，它将给你以全新的命运观，激活你几乎忘掉一半的梦想，让你重新拥有志向和理想。它将扫去覆盖于自信之上的自卑，将你大脑中结满蛛网的角落清理干净，让你的思路更清楚。它将唤起你全新的勇气，让你精神焕发，这样一来，你将不再满足于这种匍匐在地的苟且生活，在你发现另一个能够帮助你成为生活中的胜利者的自我之前，你将永远不会满足。

运用新的生活哲学能够极大地提高一个人的能力，原因有二——

第一，它能够发现一个人被封锁起来的能力，调动出迄今为止自己所不知道的资源。第二，它能消除一个人的恐惧、担忧、焦虑，消灭所有阻碍我们成功，降低我们效率的敌人，它让我们的思想为成功创造条件。它能够强化我们的各项功能，让它们更敏锐，因为它带给人们一个全新的生活观，将一个人扭转过来，让他面对自己的目标，面对信心和肯定，而不是面对着怀疑、恐惧和不确定。它帮助人们充分看到努力的结果，而在此之前，怀疑、恐惧、焦虑、缺乏信心和自信很大程度上遮掩了努力的成效。

再没有其他哲学理念能够提供可以化解这么多邪恶的良方，治愈这么多人类恶性痼疾的万能药了。再没有任何信念可以像这样给无望的人以希望，给潦倒的人、在生活的赛场上被击败出局的人以承诺。对于贫穷的、不满的、没有勇气的、饥饿的人来讲，它是新的启示。它表明，一个人无论在生命的哪个阶段感到迷惘困惑，都有机会变得更好，即使是一个背负恶名的人也有机会走上宽阔的阳关道。这正是憧憬美好未来的希望哲学的根本所在。

它为人类打开了一扇真正的内在财富之门，让那些认为自己贫穷、生活潦倒、认为自己永远不会有所成就的人看到了真正奇妙的宝藏。它在我们面前展现了一个全新的希冀世界，让那些心灰意冷的人看到了希望的光芒。不论这些人经历过什么样的失败，做过什么样的错事，它都会给他们以新的动机、新的机会，让他们获得成功。它告诉我们，任何人，不论他处在什么地位，犯过什么错，都不能失去这样做的机会。

如果你正在寻找一种真正能够治愈和帮助所有受苦受难之人的良方，你不妨尝试一下这种新的生活哲学。

如果你已经尝试了所有能够想出的方法，所有朋友推荐的所有你听说过的方法，但仍然未能得到解脱；如果所有这一切都令你感到失望，没能够治愈你的伤痛，无法让你感到满意；如果你已经尝试过这世间所有的用来治疗不幸福的良方，结果却发现它们都是一场空，是无效的；如果这些东西留给你的只有苦恼和不安，你仍然像以前那样饥饿、感到不满，那么，你不妨尝试一下这种新的生活哲学。

在这种哲学中，你将会找到一种万能药，一种能够治愈你所有心痛、忧愁、悲伤和对失败、错误、罪过的遗憾的良药。

诺亚方舟并非真正的木舟，它只不过是象征着一个安全的避难所，一个能够为世上万物提供保护，逃避敌害的安全避难场所。

新的生活哲学正是这样一种避难所，不论你在哪里，它都能够帮助到你。在它的帮助之下，你可以在生活中取得辉煌的成功，让生活成为自己手中的杰作。

其实并不是什么新鲜概念，他并非基于一个全新理念之上，因为《圣经》告诉我们，“人类只能立足于这个基础之上”。它只不过是重新强调了一个旧的基础，一个建立在基督信条上的基本原则。正如约翰·默里博士所说，“它并不是一项现代的新发明，也不是什么新奇的发现，这种新的思想只是将一个开天辟地以来就有的道理冠以一个全新的称谓而已。随着时间的推移，人类已经忘掉了它，忽略了它，从这个意义上来讲，它是全新的。所以，它不是新创造的事物，而是对旧事物的新诠释。”

新哲学是一种带给你欢乐和愉快的信仰，它并非未存在于未来遥不可及的世界，它让你把握今天的一切，它的承诺是，从现在起，你会从一直都快乐。

Chapter 3 不断创新的力量

Connecting with the Power that Creates

如果你在潜意识里十分强烈地、
不时地提醒自己想要成为什么样的人，
做什么样的事，
如果你带着强烈的意愿许下自己的承诺，
或者是尽自己最大的努力实现自己的渴望，
那么，这个世上就没有什么能够阻挡你的成功。

动物园的饲养员做了一个实验，他把一只小狗和老虎幼仔放在同一个笼子里喂养。

于是它们两个一起长大，一起玩耍，一起睡觉，亲如一家，和睦相处。刚开始的时候，小狗的体型稍微大一些，所以它控制着老虎幼仔，不仅仅是在玩耍的时候，在所有情形下都以领导者和主人的姿态自居。

随着时间的推移，后来小老虎自然会在体型和力量上超过小狗，然而这只老虎却仍然未能超越这只狗对它的控制，因为先前它曾在小狗面前遭遇过一次次惨败，小狗用尖利的牙齿带给它惩罚，所有这一切都深深地留在了小老虎的记忆中，正是这种可悲的恐惧导致了它的臣服。

最后，饲养员不得不将它们分开，老虎却因没有了伙伴而感到悲伤，它开始渐渐消瘦，变得无精打采。它变得乖僻而易怒，拒绝进食，眼皮都不抬一下。饲养员意识到情况不妙，过了几周后只好又把那只狗再次放回到笼子里去。这一次的重逢让它们都异常高兴，但是狗立刻就恢复到了从前那种居高临下的态度。虽然老虎这个丛林猛兽身上所具有的力量足以杀死十几只狗，但是它却无法克服自己年幼时的习惯，仍然臣服于儿时玩伴，它最初的主人。

我们大多数人就像这只老虎。

对于以前的事物，我们已经形成了一种习惯性恐惧，实际上它对我们根本没有任何威胁，只不过是我们的想象赋予了它力量。这种习惯长期奴役着我们，它已经成为了我们的一个部分。

我们并没有意识到，我们身上具备笑对命运的能力，具备远远大于那只老虎的能力，这种能力是神赋予我们的，它让我们成为驾驭周围环境的人，让我们能够主宰宇宙万物。

我们之所以会沦为焦虑、恐惧、无知、自我欺骗的牺牲品，以及一切阻碍我们能力，让我们无法实现自己真正价值的事物的牺牲品，原因就是我们不知道自己作为上帝之子的真正力量，因为我们从来都不知道如何利用自己超凡的品质，因为我们从来也没有真正相信过我们卓越的能力。我们在无知中摸爬滚打，全然不知自己竟然拥有超级的天赐的力量。这种力量支持着我们的肉体，但却不是来自肉体本身，它能够让我们成功跨越一切障碍。我们并不知道自己同这种力量之源有密切的关系，这种关系让我们无论在任何情况下，都能成为生活的主人而不是生活的奴隶。

埃默森说，如果一个人寻求外界的帮助，他便是弱者，如果他坚信自己需要不断地改进和完善自己，不断找到自己的不足，从而能够创造奇迹，那么，他就是强者。

换句话说，如果一个人总是依靠外界的帮助、力量、影响、他人的提携、现成的资金开始创业，那么他就不可能成就大事。说得形象一点，只有当他抛弃周围的一切，全身心地进入那个强大的自我，他才能找到成功的源头，力量的源泉，大展宏图的动力。如果他开始认识到，同自己具有的蕴藏在思想中的巨大创造力相比，所有外部的帮助都达不到任何成就，那么，他就会开始发挥创造力，开始培养自己神圣的力量。如果你低估自己的力量，总是在羡慕这个或那个成功人士，或希望有人能够提携你一把，那么，你无疑就是在自己成功的道路上设下了障碍。

你的身体里蕴藏有一种力量，如果你能发现并利用它，你将成为自己梦想或理想中的那个人。

你的本性是一切力量和才能的源头，你同万能的主关系密切，然而你却是那么的无能。你身处浩瀚的智慧海洋当中，可以从中汲取一切成长和向着更高方向发展的所需事物。

简而言之，你在生活中和行动中都显示出自己的无所不能，那么，你就必须充分吸收你的父亲——万能的上帝所具有的神圣品质。理所当然地拥有并利用这份宝贵的遗产吧，面对你想要做的事情，你将不再感到自己的弱小、卑微，不再认为自己的力量相差甚远。

每一位伟大的发明家、发现家、天才都能够感觉到自己身体里有一种神圣的、激动人心的内在力量，这种力量支持着一个人的肉体，但它绝非来自于肉体。这种力量帮助他完成设计、发现事物，帮助他发明创造、完成著作和油画、谱写乐章和诗篇，实现一切他想要创造和发明的事物。

爱迪生在谈到自己为这个世界带来的最好的一些发明时说，他一直认为自己只是顺便从无限的资源中将这些东西带给了人类。他觉得自己只是一个媒介而已，他只是将宇宙中蕴含的无限智慧借自己之手转变成了有限的几种装置，这些装置将人类从繁重的劳动中解放出来，让人们在各种危险的环境之下保持安全，让人们对许多生活中的敌人有了抵御能力，让这个世界上人们的生活从总体上来讲更有意义、更美好。

许许多多作家在灵感突然来临之时会以最快的速度将它们写下来，一直写到自己精疲力竭为止，他脑海中浮现的全新情景就像一道闪电划过，它稍纵即逝，或许永远不会重现。当许多作者再次回味自己那天写下的旷世之作时，就连自己都感觉到很不可思议，实际上，他当时自己也不太清楚他的笔在纸上写了些什么，他只是觉得自己纯粹是被一股神秘的力量支配着，这种力量就来自他的内在，并督促他不断向前。

许许多多的伟大发现和发明就是在这种来自大脑意识的神圣力量的支持之下，才得以实现。

通过用潜意识这种主观意识的感知，我们常常会找到一些客观思维所难以理顺的线索，从而解决一些看似无望的问题。

这样的例子比比皆是，那些看似毫无头绪的东方象形文字之谜，就是在考古学家的睡梦中解开的。因为客观思维相对较为静止，所以，潜意识提供了一把心灵之锁的钥匙，帮助你解决长期以来令你感到困惑和费解的问题。

在大大小小的问题上，我们都有过类似的体会。

我们常常绞尽脑汁，大伤脑筋，却仍然无法解决困扰已久的问题。

每天晚上，我们带着灰心丧气的心情躺在床上，或许已经打算放弃斗争，结果到了第二天早晨，你瞧！问题的答案说不定就正等着你呢。我们的客观思维所无法解决的问题，却在睡眠过程中被我们的潜意识解决！我们不知道答案来自哪里，我们也不知道是什么力量帮助我们找到答案，我们只知道问题解决了。我们也知道，每当我们处在绝望当中，竭力呼唤内在的力量以求帮助之时，这种内在的智慧就会显现出来，它强于我们的自身能力。这种神圣的智慧与生俱来，并且将伴随我们终身，它随时都在等候着我们的召唤，前来帮助我们。

林肯是一个终身受益于内在力量的人，他对自己的神圣深信不疑。他很清楚自己的内心蕴藏着什么，是什么力量支持着自己。这种力量超越了人的范围，带有一种神的威严，如果他不服从这种力量的召唤，那么，他将失去自己的力量，失去思想上的平和。他感觉到那些伟大、正义、公正的原则正是借他之口以展示给世人的，他只是用来执行上帝计划的一个媒介而已。

人类意识的高贵之处就在于它能够告诉我们自己和造物主之间密切相关的联系，这种联系赋予我们力量，不断支持着我们。让林肯坚定不移地为公正义和人权而战的，也正是这种意识。正因为他感觉到自己身上有一种力量在源源不断支持着他，他才会克服重重阻碍与反对，完成这项宏伟大业，既保全了国家的统一，又让奴隶得以解放。

支持林肯的力量，犹如那种在重大危机时刻能让一个弱者变成巨人的力量。

举个例子来说，这种力量就是当家里发生火灾或其他重大灾害之时，生命受到威胁的情况下，一个人突然爆发出来的力量。常常有这样的事情发生，当家里起火之时，青壮年男性恰好不在家里，平时弱不禁风、体弱多病，就连一把椅子都举不起来的妻子，会从床上跳下来，救援孩子、搬动家具、做出各种不可思议的事情来，这些事情在平常时候，对于一个壮年男子来讲都是很难办到的。

这种异乎寻常的力量到底来自哪里？当然不会是来自外部，也不会是来自肉体，他来自于我们伟大的内在。这种力量随时都存在于这个妇女的身体里，等待着她来使用，准备着在危急重大时刻帮助她。

我们每个人的内心也都蕴藏着这样一种力量，每当大难临头或极度困难之时，每当遭遇重大突发事件之时，我们都能做出一些让人叹为观止的事情来。我们都有过这样的经历，在我们生命中重大危机的时刻，会有一股巨大的力量从我们先前的意识中涌出来，前来营救我们。直到那一刻为止，我们才知道，自己竟然还拥有这样一种力量。事后，我们往往会对自己说，“那个时候，我也不知道自己为什么会那样，我也不知道自己怎么能做成那些事。现在让我做我肯定做不了，但在当时，我就像做一件很平常的事一样自然而然地做了。”

你当然能做到。如果你一直都依靠你自己这种随时恭候差遣的内在力量，你将会不断做出一些奇迹般的事情来。但是，我们往往只在一些极端的情况下，才会动用我们真正的力量，我们才会不自觉地拥有了这种内部资源。今天的失败大军是一个庞然大物，他们当中有的人连自食其力的能力都没有，但是他们却具有尚处在沉睡当中的潜力，这些潜力如果能被唤醒，他们将会创造奇迹。

你身上具备一种更大的力量，这种力量要远远大于阻碍你的抱负、让你依旧贫穷、让你不思学业的力量。你具有战胜一切噩运的力量，这种力量要大于毁掉你事业的力量，这种力量不受外界因素的干扰、不怕失败与挫折，不受疾病、贫穷的限制，什么都无法阻挡你成为你想要成为的人，做你渴望做的事。

这种力量只要一眨眼的功夫就能到来，让我们从病床上蹦起来，处理各种紧急事件，它不仅揭示了人类同万能的主之间的密切关系，而且还告诉了我们一个神奇的法则，就好像那个落下来的苹果对牛顿的启示一样。它让我们确信，我们拥有一种神奇的力量，这种力量就蛰伏在我们身体里，如果我们谙知这条法则的原理，那么，我们就可以将身处危急时刻时具有的那种力量召唤出来，随时随地为我们所用。

这是一条心理法则，不论我们想要达成什么，都必须在自己的主观意识，即潜意识中留下印象。也就是说，我们必须在思想里牢记自己的愿望，我们必须让自己的决定充满活力，并抱有坚定的信心，有志者事竟成，我们必须时刻保持强烈的信心，这样才能促使我们内在的创造力去实现它。我们所确信的、我们想要创造的事物将会在我们的思想中具体化。我们为理想的实现，为美梦能成真而许下愿望，在这个愿望当中，我们所投入的精力越多，最终由思想上的印象转变为现实的事物可能性也就越大。

这条精神法则的工作原理就如同决定早晨在某个时间起床一样简单。

比方说，你如果需要在清晨四点钟起床赶火车，那么你就在你的潜意识中设定了这个目标，你就会在临睡前对自己说，“听着，约翰，你必须在早晨四点钟起来，因为赶上这趟火车对你很重要。”那么，你在早晨四点就会自动醒来。你在思想中对四点钟醒来这件事越是重视，你就越能够准时醒来。但是如果需要连续一周都这样做的话，这种轻描淡写的要求恐怕就起不到作用了。如果你仅仅是很无所谓地对自己说，“哦，我觉得我得早晨四点钟起来赶火车”，那么，你恐怕就做不到了。你必须要强调自己的要求，一遍遍地想你将要做的事情，否则，这个法则是不会起到作用的。任何在思想里没有专门留意的事情都会被很快忘记。你从经验中得知，如果你的妻子给了你一封信，要你去寄，结果你顺手把它揣在口袋里,然后就忘得一干二净了。或者你妻子要求你去办件事，但是，如果你并没有在潜意识里告诉自己，你必须要将这封信寄出去，或者在恰当的时候跑一趟腿，那么，你也不会去做这件事情。若不是你的妻子提醒你，你恐怕再也不会想起它。

由此可见，那种能让你在清晨某个特定时刻醒来去赶火车的力量，或者在特定时刻提醒你去寄信或跑腿的力量，正是这种神秘的直觉的体现，是在你身上具备上帝的力量、博大智慧的印证。如果你遵循它的法则，也就是说如果你想要健康，就坚信自己是健康的，将健康的信息发散到身体的每一个细胞中;如果你认为财富、成功是你与生俱来的权利，如果你想的是富裕，而不是贫困；是成功而不是失败，那么，这种力量必将会带给你健康、繁荣和成功；如果你不断告诉自己的潜意识，你具有上帝之子的力量,你就能实现自己常规的理想,不论你的理想是什么。

我们同世间万物，同一切能够令我们满意的事物之间有一种看不见的联系，它恰恰就蕴藏在我们自身内部，就蕴藏在我们潜意识的自我当中。这里，也正是伟大的创造过程的开端，是梦开始的地方。宇宙中存在的智慧的能量同样也存在于你的身体中，你可以按照自己的意愿用它来创造你想要的一切。有的人将这种能量转变成了一幅幅绝世画作，有人将它转化为伟大的诗歌，有人将它转化成了发明创造，电话、汽车，还有的人将它转化成了名曲乐章，然而也有人却从来未曾使用过它，或许一直到临终前都不知道自己还有一笔最宝贵的财富。

我们大多数人存在的最大问题，是我们对自己的要求太过马虎，来自内心深处的呼唤是如此微弱，且断断续续，所以，无法启动这份创造性的力量，所以还不具备将欲望转化为现实的力量。如果能够满足必要条件的话，这一法则将会毫无差池地发挥作用。如果你在潜意识里十分强烈地、迫切地、高强度地、不时地提醒自己想要成为什么样的人，做什么样的事，如果你带着强烈的意愿许下自己的承诺，或者是尽自己最大的努力实现自己的渴望，那么，这个世上也就没有什么能够阻挡你的成功。

如果一个年轻人能够像林肯、马歇尔·菲尔德、查尔斯·M·施瓦布那样，报以无比坚定的决心要做成某件事，如果你能在自己的事业上也和他们一样艰苦奋斗，结局可想而知。另一方面，一个虚弱的，不十分坚定的要求，内心发出的微弱的呼唤就会导致无力的行动。比如说，如果你并不真正相信自己会发达，好事情会降临到自己头上，或者自己的健康会改善，那么，你为了繁荣、富强、健康而呼唤的创造性力量就会十分微弱。这会给你的潜意识当中的创造力量只留下轻微的印象，那么，你的健康和生活状况就不会发生什么实质性改变。

当然，就像你在体力训练中不肯付出汗水辛劳一样，如果你对自己的内在的力量没有太大要求的话，你将一事无成，努力和需求是互补的，二者缺一不可。我们所知道的每件事的任何一个方面，都是通过这两者之间的相互作用产生的。我们在修建铁路、建造船只、盖房子、盖工厂、盖商店、建设我们的城市、机场的过程中，都有意无意地用上了这两种因素。但是这两种因素并不会起到立竿见影的作用。人的思想先要延伸进入到智慧的海洋，然后才会引起一些物质上的现象，而这些物质正是他们理想中和渴望中的东西。

如果你遵循这一法则，这种奇妙的内在力量会在夜间发挥作用，为你理顺思路。在夜间的睡眠里，你可以修复自己的思维，摆脱困扰你的烦恼，摆脱一切憎恨、嫉妒、眼红、焦虑、忧愁，在思想里重新强调你热望已久的理想，为自己已经开始着手的事情增添动力，加强自己对成功的信心，更加坚信自己的计划会有好的成效。你会惊奇地发现，在你睡眠期间它所起到的作用是何等的奇妙。只要你日日夜夜不停地在想，不停地坚持自己的努力，这个法则就会令你的计划更加明确，让你的行动规划更加清晰而简明，这正如它能够将你唤醒去赶火车，正如它对一个发明家、天文学家、数学家在睡眠期间所起到的作用一样，它会在第二天早晨让前一天百思不得其解的问题豁然开朗。它会根据你的愿望，提高你的效率，弘扬你的名誉，增加你的财富、健康、权利，让你得到任何你想要的东西。

不论是在哪里，只要你看到一个人正在做一件非同寻常的事情，你就会发现这个人正在有意识无意识地遵循着这一法则，时刻在潜意识里向自己提出强烈的要求，不断地用强调的语气重复自己的决心，用强烈的意志做后盾，那么，他的命令会被万无一失地执行。

在钢铁行业，施瓦布已经做出了一番巨大的事业，因为他对自己内在有着极高的要求。他从来没有因为质疑或恐惧这个计划是否能被执行而降低削弱他的欲望，他总是带着全部的精力、坚定的意志、不变的信念持续不断地提醒自己，最终将这些要求变为了现实。正是这种神秘的内在力量帮助他实现了早期的抱负，从一个每天一美元的平板车司机变成了卡内基先生在钢铁行业的合伙人。

能够让马歇尔·菲尔德从一个农民的孩子逐渐成长为世界商业巨子，让爱迪生成为历史上最伟大的发明家的，也正是这同一种力量。正是在这种力量的带领之下，林肯才从一个荒野中的伐木屋里走进了白宫。是它将珀欣放在了美军驻法部队的第一把交椅之上，是它让伍德罗·威尔逊从一个教授一步步登上了总统之位，并让他成为美国有史以来集学术、政治和外交成就为一身的伟大历史人物。

大多数人在我们本应该成为的人面前，都是矮小的，因为我们并不知道自己所具有的力量。

我们有着巨大的潜能，然而却做着微不足道的工作，只因为我们从不曾将自己内在的，能够让我们成为巨人的力量激发出来。对于大多数人而言，如果他们能够应用来自灵魂深处的这条心理法则，那么，他们目前的成就定然能够加倍，这条法则必然能够满足一个人更大的需求。

从过去的经验中你能够得知，每当你走投无路，或觉得自己走投无路之时，你都能够以一种自己从未曾想到过的方式摆脱困境，没有这样的考验，你恐怕永远也不会想到这些方法。但问题就在于在你的日常生活中，你并没有想得太深，所以触及不到这种内在的神圣的力量。你并没有找到自己无限的潜力。

在大草原上购买了农场的人有时候会发现，自己的祖先曾试图在某个地方打井，但是却没有挖到水源，于是就将它卖掉了。但是，更具进取精神的买主买下来以后，将这口井进一步深挖，最终找到了地下的活水源，经营农场获得成功。

无数的人就像是那位农场卖主，他们终身都没能够让自己的思想进入最深的意识层，从而获得源源不断的资源，因此，他们的生活是干渴、干涸的，产量极低的。如果我们能够深入自己的内心意识，能够一直坚持不懈地努力，我们将得到永不枯竭的力量之泉，它足以满足我们的欲望，实现我们生活中的志向。

不要给自己留后路

如果你养成了决策以后不再更改的习惯，那么在决策时，就会运用你自己最佳的判断力。但如果你的决策不过是个实验，你还不认为它是最后的决策，这样就容易使你自己有重复考虑的余地，就不会产生一个成功的决策。

送给
渴望成功的你！

Chapter 4 重新认识上帝

The New Idea of God

认识到自己的神圣，
认识到自己同上帝的相同点，
是一个人掌握自己命运的第一步。
用你的肉眼，你无法看到我。
但我给了你一双神奇的眼睛，
用它，我的力量将被一览无遗。

一战结束之前，身在前线的一位美国士兵在一封信中这样写道:“这里有许多英勇作战的战士，是战争让他们变成了真正的男人。”

这场战争不仅让男人成为了真正的男人，还让懦弱的人成为了英雄，让普通的人成为了无所不能的人。

战场上或战壕里都是距离死亡最近的地方，一直处在这种地方的士兵们因此也比以前更加了解到了生命的真实性，感受到了上帝的存在。经历过这种情形的人要比没有长时间经历危险的人感受更为深刻，这种感受就是上帝无处不在。这条至关重要的原则融入了他的全部生命，这条永远都具有创造力的、关于生命的原则永远伴随着他，因此，他的真正自我、他的灵魂和本质将永远也不会死亡。

炮弹、毒气、刺刀只能伤到他的肉体，肉体只是灵魂的外壳，灵魂的栖所。士兵们知道，所有这一切都攻击不到自己永恒的那个部分。士兵们深知，任何东西都无法伤及他真正的自我，因为他的自我是永恒的宇宙不可分割的一个部分。意识到这个真理，意识到他与宇宙共存，他就会在各种情形之下感觉到一种奇妙的信心，他会有种不可言喻的从容，他会充满了非比寻常的勇气。这个道理能够让他毫无惧色地面对敌人，就如同年轻的戴维手里只有鹅卵石，却敢于面对身着闪闪盔甲、手持威力巨大的武器的巨人菲利斯丁一般。(《圣经》旧约中的故事)

为这场战争而战的士兵们带着对未来更大的希望来面对死亡，无疑就会减少很多恐惧，对自己身躯死亡之后会发生什么也就有了更大的信心，这在以往的任何一场战争中都是史无前例的。这一切都来源于我们关于神性的理念正在发生着快速的、天翻地覆的变化，这种变化要比一切科学带来的变化都大得多。

我们不再崇拜自己的祖辈所崇拜的那个严厉、刻板、片面、不可捉摸的上帝，我们对上帝有了一个全新的概念，这个概念让上帝从高高的云端里来到了我们每个人的生活中。今天我们知道，上帝就在不远处，与我们同在。我们知道，上帝存在于每一个原子中，在宇宙中的每一个电子当中；我们知道，任何一个物质微粒如果没有上帝在里面是不可想象的，因为上帝是现实的，是他所创造的每一个事物的灵魂所在；我们知道，所有能够体现真、善、美的东西，任何能够表现善意、爱和帮助的形式都是上帝的体现。我们开始能够用自己的肉眼看到上帝，也就是说，我们开始能够在世间存在的每一件事物中感觉他的无限力量。

有一天，当外出观察大自然的埃默森正专注地看着不同的事物时，一个无意中听到他的朋友大呼，“上帝，全都是上帝的体现。”

现在，上帝对许多人来说已经是一个十分明显的事情了，宇宙中的一切事物都活生生地体现了他的存在。我们知道，我们就是他切切实实的一个部分，他伴随着我们的生活、我们的一举一动，他是真实的、现实的。我们已经知道了要在生活中时时处处去寻找上帝，我们在每一个生物、每一项发明中都能够看到上帝的存在，我们知道，我们的呼吸就是上帝在呼吸，它具有宇宙万物间最伟大的创造力量。

这种对上帝的全新理念向我们表明，他同自己创造的万物密不可分，就好比阳光无法同太阳分开是一个道理。它向我们表明，创造力是持续不断、永不停息的一个过程，它无法单独存在，或暂时停留片刻，也无法脱离永远不停创造的万物主宰——上帝。我们知道，不管是醒着还是睡着，我们生命的每一个瞬间都是由他创造的，如果我们同这种创造一切、支持一切的伟大力量相分离，我们将不再呼吸，心脏也不会再跳动。

这种全新的上帝观念将会击碎宗派和信条的障碍，形成一个全新的宗教。

所有的信仰和信念都将在一种强烈的兄弟之情中携起手来，来到我们面前，这是以往从未曾有过的。

憎恨将会被消灭，偏见亦将被埋葬、遗忘，这个世界再次真正处于和平、安定之中，我们的教堂将会在新的地平线上重新建起。未来的宗教将会是海纳百川的宗教，宗教信条也将失去存在的必要。我们将被融入同一个大家庭之中，因为这场战争十分明显地突出了一个问题，让我们的注意力又重新回到了一个古老的真理当中——我们都是兄弟姐妹，我们都是上帝的孩子。我们的思想认识提高到了另外一个阶层，明白了一个更大的真理，了解到了一个更全面、内容更丰富的生活，更好的思维、生活方式，这种方式承载了人类对上帝全新的看法。

虽然世界的绝大部分尚且处于动荡和不安定的状态下，但是这种全新的上帝观，这种将一切统一于一体的理念不仅会促进我们的文明，而且还能让全世界的人看到，自己成为具有神圣力量的主宰是完全可能的，看到我们掌握自己命运、控制改变局面、按照自己的意愿改造环境是完全可能的。

认识到自己的神圣，认识到自己同上帝的相同点，是一个人掌握自己命运的第一步。

但只要你还认为自己和造物主之间是分隔的，你和上帝之间的这种子嗣关系就不会太过融洽；只要你还认为自己是一个独立存在的物体，像一个孤独的原子一般，在宇宙中自生自灭，承受着世间各种形式的不幸，那么，你将永远无法朝着主人的方向前进。正是你感觉到自己同上帝之间的密切关系赋予了你力量。如果你对自己的生活和生活的本质有所感觉，认为上帝包围着你，你就能感觉到自己具有主宰一切的力量，你就会成为命运的主人。否则，你将会是一个弱者。

正是这种“上帝就在他们身上”的理念才使得我们的士兵敢于在这场伟大的战争中变得令人如此敬畏，显示出如此强大的战斗力。他们坚信自己同拥有无上力量、全面智慧的主紧密相连，这是这种理念支持和激励着他们为文明而战。他们已不再像过去那样惧怕死亡这恐怖的彼岸，因为他们知道，上帝就在他们的生命中，他们同上帝是绝对不可能分开的。他们深知自己身上所具有的神性，这种神性永远不会灭亡，一粒子弹或炮弹又怎能奈何的了它，只有精神的外壳，即人类的肉体才会受伤，才会被毁灭。

了解了这一切将会令他们无所畏惧，面对死亡不会再像先前那般恐惧。

不论是在和平中还是在战争中，这种新的上帝观念会让每一个都坚信，任何东西都伤害不了他，即使是死亡也无法改变他真正的自我，因为他是上帝的孩子，他的身体里流淌着他的血液，让他更加真实，并且能够抵御任何外在的伤害，更不会失去什么。

Chapter 5
你能行
You Can, but Will You?

生活是一场战役，
但无所谓谁更强壮、谁更快，
只因最终获得胜利的是认为自己一定能行的人。

■ 046 你能行

“如果有人说，‘我能行，我要去做，我会去做’，这种信念必将支持着他坚持到底。”

说过这句话的人正是用这种力量战胜了不可思议的困难，最终坐在华盛顿的国会大厦里面。

如果说，有谁敢于对年轻人直言相谏，令那些到处抱怨自己没有机会、无法克服横在成功道路上各种障碍的身强力壮的年轻人感到无地自容的话，那么，这个人便是佐治亚的州议员，来自亚特兰大的威廉·D·厄普肖。

十八岁在父亲的农场上工作之时，一场突如其来的事故几乎打断他的脊柱，他在床上整整躺了七年，忍受了极度的痛苦。随着身体的渐渐恢复，这个年轻人后来能够从床上起来，坐到轮椅上，重新开始学习和工作了。他为当地的报纸撰稿，坐在自己巧妙设计的活动椅上公开为人们做演讲，驾着轮椅车四处兜售报纸上剪辑的文章，六年后，他终于赚到了足够的钱，设法读完了位于佐治亚梅肯的摩斯大学。该大学聘请他为慈善基金做工作，他成功地为该基金筹集到了五万美金。除了支付自己的一切费用外，他另外还为贝西迪福特女子学院筹集资金，这次他筹集了将近十万美元。后来，他用自己的收入帮助了五十二个女孩完成了大学学业。在他进入国会议员竞选之前，厄普肖先生的身体已经恢复到了能够拄着双拐走路的程度，通过自己慷慨激昂、鼓舞人心的演说，他击败了其他六个极有声望、且经验丰富的竞争对手。

尽管这个年轻人贫穷、跛足，忍受了多年巨大痛苦，他却从没有“哼”过一声，或者向其他任何人请求过帮助，他却仍然能够向着胜利前进。同他相比，今天竟然还有那么多的强壮、健康的年轻人在等待机会降临，还等着别人去提拔他们！

举个例子说明，我这里有一封信，是一位年轻人写给我的，他告诉我说，“年轻人只要具有赢人一筹的能力就会有机会”这种想法完全是错误的。他说，“高薪职业实在是太少了，整个商业已经进入了一个特定阶段，一个能力在五万美元的年轻人，每周的薪水却只能拿到二十五美元。文件柜和一些现成的参考数据已经代替了过去的计算和记账，新的理念已经将许多大的商业机能融入一个有机整体，因此，只有精力旺盛、无比热忱，无论从体力还是智力的角度来讲，都具备从事任何委托给他的任务的能力的年轻人；只有工作起来忘掉时间，一门心思想着如何能出色完成分配给自己的任务的年轻人才能进入商行。他的特定工作范围是被指定好的，他不可以越界进入公司的另一个部门，他不可以将自己的想法建议给公司的主管，不论他是多么热切、多么有雄心。他的服务价值是按照一个年轻的、没有经验的新手来衡量的，薪水很少。加薪情况也是如此，或许两年加一次，每周加一美元。如果他觉得这样的工作毫无前途，放弃它进入另一家公司，可结果还是一个样。有时也会有一些大的机会，但是，更有才能的人往往多于更大的机会。是机遇让某个人来到某个职位。”

写这封信的人所持有的思想态度，正是当下千千万万有足够能力获得成功的年轻人对成功所报有的态度。他们并没有说，“我能行，我要去做”，相反，他们说，“我不行，我不要去做”。这样一来，他们当然就不会成功了，没有了成功的意愿，就算是再伟大的天才也会成为失败者。

一战期间的盟军最高统帅福煦元帅不仅成功地挽救了法国，而且让全世界都免遭德国人的屠杀。胜利之后，他说，“我只有一项优点，那就是从不气馁。胜利靠科学是对的，但是也要靠信心。如果一个人有信心，他就不会后退，会随时随地发现并击退敌人。

战略科学是必备的，但它既不是一组配方，也不是一套原理，而是军队首领必须时刻牢记，并让它成为自己一个部分的一个原则，只有这样这个原则才能指导他做出正确的决定。

这条思想原则可以通过研究历史，以及一些具体的例子来获得。这条原则必须深深烙印在每个指挥官的意识当中，他的每一个行动必须要基于准确的情报，而并非基于自己事先认为的一些想法与假设。但是，一个人就算拥有最优异的智慧才能，如果没有取得胜利的意志，也是毫无意义的。”

“我能行，我要去做”是一条激励着无数军队和个人的口号，在强大的困难面前，正是这条鼓舞人心的口号能够让战士们反复将敌人击溃，一直向着胜利前进。

正是这种胜利的意志和“我能行，我要去做”的口号让一个穷苦的男孩在经历了连续的、令人沮丧的失败后，终于为纽约市建起了一座最美丽的商业建筑——沃尔沃斯大厦。外国建筑师们宣称，这座位于纽约商业中心的大厦是世界上最美丽的商业建筑物，称它为“童话宫殿”、“石之梦”。

让这座大厦从梦想变成现实，奉献给世人的正是弗兰克·W·沃尔沃斯。他出生在纽约州的一个小农场上，家境贫寒，除了一个健康的身体和非凡的勇气外，父母没有给到他任何东西，但正是这种特有的勇气令许多美国人实现了自己的目标。他的事业生涯是从一个小杂货店开始的，这个面积不大的商店的业主是纽约大本德车站的站长，商店就开在货运棚的一个角落。他刚开始时的工作是做杂货店店员兼站长助理，没有薪水。在一个更大一点的商店里，他的薪水是每周3.5美金。尽管他坚持不懈地努力工作，但是连续几年来他所能够看到的结果就是失望和失败。虽然他很失望，而且极度贫穷，但是他仍然咬牙坚持，最终的结果是，他建起了一千零五十个百货连锁店，拥有六千五百万美元资本，为几千个人提供了就业机会，建起了高度超过其他建筑的沃尔沃大厦，拥有让人敬爱的男子气概，成为了一个在最艰难的环境下，靠诚实获得成功的典范，他的故事激励着每一个有着成功欲望的年轻人。

当有人问起阿德默勒尔·法拉格特他是否为失败做过准备时，他回答道：“当然了，我从不为失败做准备。任何为失败做好了准备的人，还没等开始就已经失败了一半。”

你是否抱着必胜的目的，咬紧牙关，用坚定的意志去做一件事，你是否在刚开始的时候就打算一鼓作气进行到底，还是抱着走一步看一步的心态，如果没有感到特别大的困难，就继续下去，但如果事情进行的不顺利，你也可以随时找一条退路。以上的态度对于最后的结果至关重要。抱着必胜的信心去做一件事就已经赢了一半，倘若只抱着参与的态度去做，而且为失败做好了准备，那么，他就会像阿德默勒尔·法拉格特所说的那样，还没等开始，就已经失败了一半。

在德国人的野蛮进攻之下，盟军曾面临着全军覆灭的威胁，一位法国军官建议撤军，然而一位美国军官却回答道，“我们将这支部队给你，是因为它根本不知道‘战败’一词是什么意思。”后来，凭借着勇气和决不屈服的意志，美国军队英勇地守住了自己的领地，最终将敌人赶出了战场。

无论是战争时代还是和平时期，只有这样的人才能获得胜利。这个世界永远都需要这样的人，从来不知“失败”为何物的人、你永远无法让他倒下的人、在任何情况下都不会失去胆量不会退缩的人。你完全可以信赖这些人，试着打击他们永远都是徒劳，他们要么就胜出，要么就战死。

人生道路告诉我们，我们生来就是要获胜，而不是去失败。

只有当我们缺乏胜利的意志之时，我们才会遭遇到失败，对于一个大无畏的、坚定的灵魂来说，失败不会是最后的终点，只不过是中途经过的一个小站，他可能会暂时碰到失败，但决不会改变自己前进的大方向。具有优秀品质的人，总是不停地朝着自己的目标前行，如果在到达之前他不幸摔倒，他会抬起头面向着自己的目标，就像勇敢的士兵即使倒下了，目光仍会面向着前方。

你在事业刚开始的时候，就必须深刻了解自己，自信会做得很好。

除了你一心想要做成功的事情之外，心中再无其他杂念。这样的决定会铸就你的个性,令你整个人无比振奋。它会令一个人时刻保持自己独特、刚毅、精力旺盛的特征，向着目标前进。它意味着一个成功的有雄心壮志的人敢于破釜沉舟，背水一战，为了自己的目的全力以赴，最终不惜任何代价获得胜利。

不久以前，有一个名为威廉·申克，住在长岛的海边的盲人男孩，他就是这样理解自己的。虽然他有很严重的残疾，但最后他仍然以全班第一名的成绩从纽约市立高中毕业,他所在的班级有一百五十五名学生。毕业会考中他的英文成绩获得了最高分，并获得了一百美元的奖学金。对于这样一个具有不屈不挠的精神、坚定的胜利决心的年轻人，谁会对他的前途和未来表示怀疑呢？他已经下决心要成为一名律师,毫无疑问，在接下来的几年中，它不仅会远远超越自己的同班同学，而且还会超过成千上万身体健康，却等着别人来督促的普通年轻人。

一个没有什么钱，很明显也没有任何明确的目的，生活中也没有任何目标的年轻人写给我一封信，他说自己似乎缺乏能力和勇气做些什么事情，他想知道如何才能“做成一些事情”。

那么，只有一种办法才能让你做出些事情来，这种方法也让全世界许多原本一穷二白的年轻人后来成为世界上令人瞩目的名人，甚至改变了这个世界。年轻的亚伯拉罕·林肯、托马斯·爱迪生、约翰·沃纳梅克、希尔、马歇尔·菲尔德以及世界各地许许多多其他年轻人就是用这种方式让某些事情发生了。

只有胜利意愿强烈的人，具有“我能行、我要去做”精神的人才能够找到机会、创造机会，就像船只失事后漂流到荒岛上的鲁宾逊一样。

弗雷德·道格拉斯，一个出生在奴隶庄园的贫苦奴隶，自我发展和自我提高的机会对他而言几乎是遥不可及的一件事，他的情况几乎和鲁宾逊一样，没有一个朋友、看不到任何希望。假如当他清醒过来，意识到自己身上沉重的枷锁和毫无希望的情形后对自己说，“我在这里只是一个奴隶，不论我多么有抱负有志向，或者我多么急于摆脱目前的情况，但这些对我来说，都是不可能的，因为我的出身就是奴隶。我的父母是奴隶，我们的祖祖辈辈都是奴隶，我不可能有机会受到教育，也不可能离开这个庄园，到外面的世界去。根本不会有人教我认字，即使是字母表也不可能，因为教奴隶识字是犯罪。我必须遏制自己身体里不断高涨的志向，因为我根本就没有条件来满足它，所以，这是不可能的。这种志向只能让我更加悲惨，所以，我必须将它深埋。像我这样一个连自己的身体都不属于自己，身无分文的人竟然还梦想自由，梦想受教育，简直太傻了。对于奴隶而言，是没有任何机会做任何事情的。”

假如说他就按照这个思路去说服自己，我们今天是否还能听说这个人？当然不会了，他会像数以百万的奴隶那样，默默无闻地出生，再悄然死去。但是他有胜利的意愿，他并没有说，“我不行，我不会去做”，而是说，“我能行，我一定要靠自己的努力改变自己奴隶的不幸地位。”他唤起了自己内在的神圣力量，一种潜伏在每一个人身上的、随时等着你去召唤的神秘力量，征服了显然无法跨越的，阻隔在他和自由、受教育之间的障碍。他从贴在栏杆上的海报上、从印刷物的碎屑上、从一本庄园中捡来的旧年历中学会了字母表，在他真正识字之前，他从来没见到过一本真正的书。

这个小小的奴隶男孩就在这种恶劣的环境之下，从渺小的点点滴滴开始，设法获得自由和这种特殊形式的教育，最后，他引起了美国总统的注意，被任命为美国驻海地外交大臣。为了让自己的种族摆脱奴役，他进行了艰苦卓著的奋斗，获得了国际声誉，并为这项伟大的事业奉献出了自己的生命。

像弗雷德·道格拉斯这样的故事，像他这样波澜壮阔的成功的却为数不多，然而，单单美国历史上就有很多类似典范，比如说亚伯拉罕·林肯、本杰明·富兰克林、亨利·克莱、以利户·伯里特的故事，以及现在正活跃在世界伟大的事业当中的人们，如查尔斯·施瓦布、卢瑟·伯班克、托马斯·爱迪生、亚历山大·格雷厄姆·贝尔以及其他一些杰出人物。正因为他们有成功的欲望，所以，即便是微乎其微的机会，他们也绝不会错过，而这种机会在今天对于一个最贫穷的孩子而言，也是件极为稀疏平常的事情。每当我们想起这些人，读到他们栩栩如生的故事之时，我们就应该知道，这些人在极度困难的条件下演绎出的非同寻常的成功故事应该是一枚枚重磅炸弹，将那些优柔寡断的年轻人的借口，那些所谓的大到无法克服的困难和无法逾越的障碍炸个粉碎。他们应该为自己没能全心全意而感到羞愧，应该受到鼓舞，使出自己全部的力量。自己的力量一旦得到使用，要远远大于那些令自己感到畏惧的困难。

许多年轻的艺术家看到伟大的杰作之时，总是对自己说，“我为什么就做不到？”然后，他用“我能行，我要去做”回答了自己的问题，然后，他做到了。有千千万万的年轻人，当他们听说、看到一些了不起的人在自己的领域中取得了伟大的成就，名扬四海之时，就会对自己这样说，然后，他们也做到了。他们用实际行动响应了“我能行，我要去做”，努力奋斗，顽强克服各种障碍，最终达到目的。

“我为什么就做不到？”是一个催人奋进的质问，它唤醒了无数才华横溢的人，让他们意识到了自己的潜在能力，让他们以最大的程度将自己潜在的能力发掘出来，并通过它最终获得成功，他们用实际行动回答了这个问题。

对于“我为什么做不到？”这个问题，今天有成千上万的，机会只及你一半的年轻人将会回答“我能行，我要去做”。靠着这种信念，你的周围就会有这样一些人，他们就在你不停抱怨的所谓的坏运气的情况下，在看似相当普通、平常的条件下取得了巨大的成功。靠着这种信念，一定会有某个年轻人就在你所拥有的条件下，用辛勤劳动创造出一番辉煌的事业。那么，你为什么就做不到呢？

让我来替你回答这个问题吧，“你能行，但是你愿意去做吗？”

这里存在一个问题。你隐藏了自己那一份在生活中获得成功的品质，这种品质是每个人都具有的，但是，你愿意将它挖掘出来，让它进一步发展吗？你愿意呼唤那个内在的强大自我，投入全部精力实现自己的目标吗？你也许并不十分愿意或根本就不愿意将这种力量呼唤出来？你也许并没有付出辛苦将自己内在的这种品质发展起来，而是沿着原路漫不经心地往前走，最终只能在中等或差等职位中找到自己的位置——做一辈子职员，永远将自己限定在小小的空间里或打字员的职位上。你会像其他许多人那样，从始至终从事一些机械性的例行工作，并满足于这种轻松的生活吗？你会像他们那样，只是勉强过日子，却从来不利用自己的能力让自己有所提高、更加完善自己做事情的方式，或者开发自己更大的潜能吗？

不管你是出生在茅草屋里还是在高楼大厦里，这一切都不重要，只有在你的内心深处，你才能找到让自己取得成功的东西。如果你有强有力的精神后盾，你就不会急着说自己缺乏能力或没有文化，并把它当作平庸或失败的借口，正如福煦元帅所说，“如果没有取胜的意愿，一个人就算拥有再优异的品质与天赋都毫无意义。”

如果你有取胜的意愿，你将不会因周围的环境和情形而感到烦恼，你将不会认为，在你打算做一件事之前，你必须拥有全套最精良的装备。那些完成了了不起的大业的人，也并没有等到万事俱备才开始动手。今天能够成就大事的年轻人并不会等着有谁去为他开辟一条道路，或者在他开始工作之前，就有人将所有的困难和障碍都替他清理干净。不，他们的开始也只是利用了手头一切可以利用的条件，比如说纽约州州长艾尔弗雷德·史密斯就是从卖报纸、跑腿办事、在富尔顿鱼市卖鱼以及干其他一些力所能及的活起家的，但不论他做什么，眼睛始终都盯着那个最终的目标。虽然这个踌躇满志的人还没有达到目标，但他却在不停地攀登，不停地进取。

成就一个伟大的人，并非依靠外界的条件或绝佳的机会，也不是依靠有影响力的人脉或巨大的财富，人的伟大力量就存在于一个人的内部，别无他处。你所寻求的绝好机会就在你自己的手中。成功并不在于你的环境，并不在于你的运气或机会，也不在于别人给你的帮助，成功全在于你自己。找到深埋于心灵深处的力量，它将带领你达到自己的目标。

这种力量是你所具有的最宝贵的东西，是你最高层次的自我，这种力量不会响应那些不够坚定的召唤，也不会理睬任何缺乏动力的行为。只有用你最大限度的呼唤和努力才能将它呼出，因为它只对你全部的而不是部分的呼唤做出应答，你必须全身心投入你努力要去做的事情。你必须用身体内全部的能量、不可挫败的意志、你最大的努力、你坚持不断的勤奋或出自你内心最强烈的意愿来实践自己的任务。你必须用自己全部的天性、用无限的热情和坚定不移的取胜决心，带着不思退路，永不言败的决心来支持自己的远大志向。你必须将自己全部投入到自己的呼唤当中，否则，你的生活将永远也无法达到预定的高度。

那种不坚定的召唤和缺乏动力的努力只能到达这种强大自我的最浅表一层，他只能触及你无限潜力的表面部分，他不会让你得到任何有价值的成就。只有神圣的呼唤和神圣的意志、最大的努力、强烈持久的实践才可以打开你的内在宝藏之门，才会赋予你最伟大的力量。

谁都无法拥有成功的特权。任何的成功都需付出代价。自我发展是成功的必要条件，获胜的意愿才是关键所在。有数以百万的年轻人只因缺乏这两个条件才会导致失败，然而实际上他们却具备成功所需的一切条件。

有的年轻人看起来并不是真的相信自己能做成比现在更了不起的事情，这样的人，我几乎没有同他们谈论过生活中的成功。我常常质问他们，“你为什么不去做呢？”、“你明知道自己有能力能比现在做得更好，但为什么你不去做呢？”他们的回答通常表明他们害怕前进，他们不信任自己，他们的意志薄弱，横在他们面前的障碍似乎很强大可怕，或者有什么事情、什么人拖着他们的后腿，让他们难以下定决心。

可是你是否知道，你面前的这道门（成功）令你如此苦恼，很明显是因为它关得太紧。在你面前的这道门只能出现在你的梦里，因为你似乎不具备这种能力打开这道门，得到门背后的一切，是你自己用不正确的态度将这扇门紧紧地闩住了。那么，你是否已经采取了适当的步骤准备去打开它呢？你是否已经将目前的工作做到了极致，所以才感觉需要更大的空间、更高的层次来发挥自己的才智能力？

这个世上原本有着无数成功的机会，但是却有那么多人在说，这些事情是不可能实现的，企图去做那些事情对于任何一个人来讲，都是在浪费时间，都是在干傻事。你也会发现，总会有人告诉你，你不可以去做你想要做的事情，因为这件事非同寻常，太不一般，不在平常人所走的道路之上。人们将会告诉你，尝试着走自己的路往往会损失惨重，你最好还是回到平常路中间吧。但是提这种建议的人永远不会是成功者。西北部帝国的缔造者詹姆斯·希尔曾经就梦想过在盐碱地平原上建起兴旺的小镇，繁荣的城市，繁茂的农场，而在其他人看来，那里只不过是野蛮人和野狼出没的灌木丛而已。许多人嘲笑过他的梦想，认为在一片荒漠之上建起一座繁荣的文明城市简直是荒谬，但是他却用强大的意志、必胜的决心、不解的努力最终实现了它。他的梦想成为了现实。当这个永不止步的追梦者辞世后，西北部所有的伟大人物都表示了沉重的悼念，人们将永远铭记他巨大的贡献。他的葬礼于两点钟开始举行，届时，北太平洋大干线上的所有火车，柏林顿和俄亥俄公路上的一切车辆都要停止运行，在原地停留五分钟以示哀悼。与此同时，许多地方的工厂、商店在这一刻也停下了手头的工作，共同在这默哀的时刻悼念这位伟大的铁路人和他为世人做出的贡献。在他的家庭所在地圣保罗，所有的学校都放假一天，州长致辞道：“詹姆斯的辞世让我们失去了一个最好的朋友。”

许多年轻人读了这位伟大的加拿大人的传奇故事后，不禁会问自己“我为何做不到”？这个加拿大人只是一个穷人家的孩子，却在这个世界上完成了如此不可思议的工程,为自己赢得了“帝国缔造者”的头衔。

那么，就让我再重复一次，你能行——但是你愿意去做吗？比起你的先辈来，你有更好的机会把握生活，为这个世界做些什么，然而，他们却名扬四海了。你是“时代的结晶”，如果你愿意，这个时代已经赋予了你良好的环境、优越的条件以及潜在的机会。向前走，做你想要做的事情，只要你愿意，你就能行。从现在就开始，不要等到明天，明天未必会比今天更有利于你，今天就是这一年中最好的一天，今天就是你向着目标起航的一天，让今天成为你迈向目的地的第一步。你生来就是个胜利者，你最终能否取得胜利，一切均取决于你自己。

Chapter 6

流浪猫意识

Have You the Alley-Cat Consciousness?

将自己看作是一种无足轻重的、有缺陷的人，
对于一个人更大、更好的发展而言，
是一个致命的打击。
不要忘了，
你的看法预示着你自己最终的状态。

060 你能行

约瑟夫·佩里·格林曾在纽约做过一次演讲，演讲中他引用了下列一则故事：

“一只普通的杂交猫常常在巷子里碰到一只波斯猫。这只普通的小猫注意到，人们似乎都很喜欢波斯猫，她总是受到人们的宠爱，得到人们的食物，人们见了她总喜欢喊她的名字，对她那么好。但是对于这只杂交猫而言，情形却完全相反，没有人前来抚摸她，而且每个人似乎都在躲着她。喜欢追着她到处跑的，除了调皮的男孩子和狗之外，还有附近的其他野猫，这些猫总是不停地和她发生战斗，不停地辱骂她。

有一天，她问波斯猫，到底是什么让她们两个之间的命运有如此大的差别，为什么受到良好待遇的总是波斯猫，而她，这只可怜的流浪猫，却遭受着如此不公正的待遇？波斯猫回答道，为什么？那是因为我总是傲气十足，因为我知道自己是一只猫咪。你得到这样的待遇，是因为每个人都能看到，你认为自己只不过是一只可怜的、卑贱的杂交猫而已。

这只可怜的杂交猫感觉到十分难过，十分苦恼，就问她如何才能改变这一切。于是波斯猫告诉她，她应该反复对自己说，我是一只漂亮的猫，每个人都喜欢我，每个人都对我很好。于是，这只流浪猫就开始这样做，很快她就发现自己受到的待遇开始发生了本质上的改变，这种变化鼓励着她不断向着更好的方面去想，她不停地坚信，自己就是一只高贵的猫咪，渐渐地，这种想法得到了大家的认可，虽然她并不具有波斯猫的血统。然而，她却接受了波斯猫的思想和意识。这种波斯猫意识通过她所接受的更强烈、更丰富的思想传达了出去。”

这则寓言故事可以应用到我们每个人身上，我们脑海中的自我形象强烈地反映了我们当前的生活情形，表现着我们的快乐与不快乐，反映着我们的进步与退化。不论我们对自己是一个什么样的看法，它都会被我们创造性的思维融入在生活中的点点滴滴中，我们最终将会成为自己想象中的那个人。

这种流浪猫意识，也就是说总认为自己不行的想法，让许多本来能得到更大成就的人过着凄惨的日子，平凡得不能再平凡。

只要我们抱有这种思想，我们就会成为它的牺牲品。只要我们不停地想，我们很贫穷、没有吸引力、不成功，只要我们将自己想象成无能的、缺乏创意的、没有管理能力的、不具备合理的判断能力、优柔寡断、没有魄力、没有了别人的建议和意见就永远也拿不定主意的人，我们就无法超越自己为自己设下的限度。时间长了，这些想法和想象就会让那些我们原本想要去除的东西永久地留在我们的生活中。我们对自己的缺点和不好的一面或者想要竭力摆脱的事情想得越多，这种不幸的情形就会对我们影响越大，他就像一根绳索，紧紧地捆绑着我们。

这么久以来，这只不快乐的流浪猫一直同这只美丽富有的亲戚——

波斯猫生活在一起，脑子里充满了自卑感，那么，她的生活不可避免地就会出现糟糕的局面，她从来也没想过自己也能成为一只美丽的猫咪，她也有自己的幸福和财富。但是，当她改变了自己的想法之后，她开始对自己有了更高的认识，她认为自己具有自己想要的美丽和品质，于是她发现自己不仅在外表上发生了变化，而且发现自己一贫如洗的状况也发生了改变。

你一定要摆脱这种流浪猫意识，将自己的理念提高到另一个层面，更多地想一下自己，将自己想象成你渴望已久的样子，而不是你那些自卑的想法和原来的老样子。

在思想里将自己看作是一种无足轻重的、次等的、有缺陷的人，对于一个人更大、更好的发展而言，是一个致命的打击。如果我们抱有一种不如他人的思想，时刻想着自己的缺点、觉得自己能力低下、没有个性，并让这些想法不停地停留在脑海里，那么，我们的生活就会在不知不觉中不断地向着这种不好的模式发展。

许多人总是认为自己不如他人，这种想法会给他（她）的生活带来很严重的负面影响，这是早期的影响带来的结果。

如果让一个孩子在思想上极具可塑性的时候产生了一种错误和消极的想法，那么这种想法就会逐渐在思想中变得根深蒂固，无法轻易根除。

今天有无数的优秀年轻人，拥有一流的品质却过着无聊、狭窄、有限的生活，做着一些微不足道的事情，淹没在平庸的人群中埋头苦干。若不是从小被老师和家长灌输了一些保守、狭隘的思想，这些人完全可以在世界上大展拳脚，做出一番大事业来。

说孩子迟钝、傻、不如同龄的其他孩子聪明，永远也成不了气候，让孩子产生自卑心理，在其他人面前感到自惭形秽的老师和家长简直就是在犯罪。我们应该教育每一个孩子，让他们渴望成功，让他们对上帝赋予自己的、能够为这个世界上做出有意义的事情的能力坚信不疑。他应该时刻牢记，他的远大目标就是要将自己的内在潜力充分发挥出来，为人类做出贡献。应该不断地告诉他，他的潜能是无限的。我们不仅要让每一个孩子都明白，他们有望做成大事情，而且还要让他们相信，自己生来就应该得到全面的发展，成为一个综合素质高的人，就好比一个橡果注定会长成一棵高大的橡树一样。

对于许多不成功的人来说，他们最大的问题就是对自己的评估低得可怜，然而大多数情况下，这样的结果都是由错误的教育导致的。他们对自己多多少少有点无可奈何或泄气的感觉，因此总觉得自己不可能实现更大的自我。他们不但没有在思想中将自己看作是超凡的人，他们更高一层的自我，相反，他们将自己看作是一个可怜的矮人，一个被贬低的自我。这种自我印象牢牢地限制、影响、阻碍着他，让他无法全面实现自己作为一个人的神圣价值。

在过去，奴隶和罪犯被确定为“我是一个逃亡者”或“我是一个贼”，或者用其他一些标记、语言来表明他们小偷的身份或是次等地位之人。奴隶主用灼热的烙铁将这种标记烙印在奴隶的身体上，有时这些烙印就在身体的暴露部分，比如前额或脸颊之上，这样一来，每个人都能看得到。在今天看来，这是件极为可怕残忍之事，然而，今天我们又有多少人在思想上给我们自己打上了各种各样认为自己次人一等的烙印，在和他人交往之时，我们总觉得自己是一个奴隶或是一个走卒，殊不知我们完全可以像一个国王那样施展自己，像造物主一样创造奇迹，我们完全可以！

不要忘了，“你的看法预示着你自己最终的状态。”

如果你想要向上攀登，到达一个更优越的自我存在的高度，你就必须将自己内在最好的东西、最正确的方法、最高的境界展示出来。若要做到这一点，你必须从身体上到思想上都以高于自我的形象和态度示人，你不能带有半点流浪猫的意识，你必须将自己的自卑心态清理出去。你的一举一动直接反映着你的思想状态，那么，如果你自认为低人一等，你的行为绝不可能证明你优越于他人；如果你的思想里认为自己能力差，那么，你就不可能表现出很强的能力来；如果你认为自己缺乏系统和条理，那么，你在工作和生活中也绝对不可能表现出井井有条的样子来。换句话说，是你用思想中的缺点和自卑打造了自己的生活模式和结构。

我们内在的创造天分是我们生活的最大推动力，是我们成功的促进剂，是我们幸福的决定因素。不论我们向这种创造力传递了什么信息，好的、坏的、漠然的，这些信息都将渗透到我们的生活当中，根据我们提供的模式，这些创造性因素既可能将我们打造成为平庸之辈，也可能将我们造就成一代豪杰；这些创造性因素会根据我们提供的素材为我们带来成功或失败、效率或无能、幸福或不幸，我们只不过是提供了打造一切的素材，创造力才是起到作用的决定因素。

圣保罗格外强调积极乐观的思维，他认为我们应该想一些对自己有好处事情，以及能够历练我们的个性、提升我们的品质的事情。他说，“我们要去想那些纯洁、真谛、口碑良好的事情。”圣保罗的教学中涵盖了大量现代心理学的内容，这种看问题的方式对我们很有帮助，他要求我们去想那些健康的、有益的、积极向上的事情。他认为科学的事情通常都是有益的，我们只有抱着这种积极的、富有建设性的心态才能获得合理的成功，才能得到幸福和健康，才能获得最高的成就，才能将自己的男子气概或女性美德发挥到极致。反过来说，如果你持有正好相反的心态，看待事情总是那么消极、那么悲观，总是抱有怀疑、沮丧的想法，总是带着愤愤不平或嫉妒、仇恨的态度对待一切，那么，你将会赶跑所有你渴望已久的，能带给你快乐、满足和成功的东西。

新的生活哲学认为，如果我们想要有所成就，我们就必须扭转这种消极的思想态度，它告诉我们，我们的思想必须永远保持建设性，我们必须抵制一切跌入消极状态或屈服于消沉、怀疑的可能性。我们不能一味地停留在那个令我们感到失望的、成就渺小的自己身上，我们应该向着那个更高的自我看齐，他是我们渴望的、让我们获得更大成就的、完全可能实现的那个自我。

在我们的精神成长过程中，在我们的个性发展过程中，在我们的健康和能力塑造过程中，在我们融入这个世界并获得快乐的过程中，最大的敌人莫过于习惯性地将自己看作是不如人的、有缺陷的、坏毛病永远也改不掉的人。我们可能会认为，自己这一辈子志向早已泯灭，只能做一些修修补补的工作，因为我们无法将自己的错误、自己的罪恶、自己做错的某一件事完全一笔勾销。如果我们就此陷入这种习惯，不停地将自己看作是一个有缺陷的人，一个效率低下的人，将自己看作是一个智力低于平均标准的人，理所当然地认为我们没有按照周围的人那样去做，自身就一定存在某种严重问题，那么，我们就是在同自己理应到达的目的地背道而驰，因为事实上，上帝赋予了我们如此强大的力量，而我们却尚未利用过其中的零星些许。

如果你想要实现自己胸怀之中的远大志向，如果你想要战胜自己的缺点，将缺点短处变成优点，你就必须按照自己理想中的样子去看待自己，就像这本书中所说的那样，我们要表现得好像自己已经得到了日夜祈祷的、渴望的事情那样才行。

永远不要把自己看作是人下之人或者是智力低于平均水平之人，这样，你就会表现得不尽人意。不论别人怎么评价你，不论你的父母或老师如何从小就在你耳边给你灌输这种东西，你绝对不能将它们放在心上，绝不能把自己看作是有缺点的、差劲的人。你要一直坚持自己对自己的看法，不要按照现在的你，而是要按照理想中的你去看待自己，你要相信，当造物主将你送到这个地方之时，就早已告诉你要成为一个什么样的人。

永远不要让自己去想，你的判断能力很差，即便是有人问到你，也不可以朝这方面去想。对于自己所熟知的事物，一定要有一个明确的看法，当你被问起之时，要干脆利落地做出表达。这将会提高自己的判断能力、分析能力，它将会令你的判断能力更上一个台阶，也会让你更加自信。

无论你多么拮据，也不论你是否依靠他人，千万不要随便自我糟践。如果你连自己都看不起，那么别人一定会将自己的脚踩踏在你身上。赢得尊重的方法首先是要自己尊重自己，有自己独立的立场。没有人会尊重一个缺乏性格的弱者，一个随风倒的墙头草，也没有人会尊重一个宁愿附和他人也不敢有自己的主张，总怕得罪别人的人。

无论是在社交场合中还是在其他任何地方，永远不要认为自己是一个笨拙的、别扭的、虚弱的、胆小的、没有魅力的人，也不要表现的太过腼腆。不要总是想着自己的真实缺点或任何想象当中的不完美、缺陷、或失败，更不能整天生活在这种思想的阴影当中。

一定要记住，不论你如何看待自己，如何认为自己，它都会通过你的行为举止、你的外表形象和谈吐表露出来，我们总能将内在的东西通过外在的形式表现出来。我们的一举一动如同一个公告牌，向每个人传递着自己内部的讯息。

一切在你潜意识当中留有深刻、鲜明印象的事物，终将在你的生活中不辨自明。如果你想要自信，那你就必须昂首挺胸，用自信的思想武装自己，你必须在自己的同伴面前表现得从容淡定，你必须散发出勇气、决心和意志力。

你的谈吐、你的外表、你的礼仪，你一切的一切必须证明你意识的力量。

如果你希望有强壮的身体，你的思想、话题、行为就必须以健康的形式表现出来。不要去想象什么疾病之类的东西，不要去谈论你的症状，认为自己健康而强壮，充满活力。

你想获得成功吗？那就要以一个成功者的姿态走在同伴面前。你的思想、话题、行为就必须以成功的形式表现出来。要对生活报以胜利的态度，要让每个人都知道你的志向，在生活中处处表现出你将会获得成功的样子，这样，你的梦想就会成真，你的想象将会同现实达成一致。

你希望得到爱吗？那么，你就必须抱有爱的思想。你的行为，你的言语，你的举止礼貌必须表达出爱的思想，这便是你吸引爱的方式。

你渴望快乐吗？那么，你就时刻想着快乐吧，相信快乐一定会来到你身边。同时让别人也快乐，谈论快乐，看到快乐，生活得快乐，让快乐成为一种习惯，带着快乐的心情去看待生活，认为自己是快乐的。

你希望自己是幸运的吗？那就把自己想成是幸运的人，就连走起来都觉得好运已降临到了自己的头上，生活重要表现得就像好运时常将你伴随一般。

沃尔特·惠特曼说过，“我本身就是个幸运儿。”我们何不也像他这样认为呢？我们原本是万物创造者之子，为何不能是幸运的，为何不能拥有好运呢？我们为何不抬头挺胸，为何不独立自主呢？我们拥有如此巨大的一笔遗产，为何不朝好的方面去想我们自己呢？

凡尘间的帝王之子总是抬起他骄傲的头，想着自己是不平凡的人物，为他自己的血统而感到骄傲。但是，想想看平凡的人类和他们比较起来继承了些什么吧。他们继承的是整个宇宙间最好的东西！人类不仅继承了地球，还继承了天堂和日月星辰。人类继承了爱、真理、美丽、崇高、力量，以及一切有价值的，一切对自己好的东西，能得到这么大的一笔遗产，我们都是幸运的。

我们难道不应该感到骄傲吗？那些物质上遗产的东西能和我们的遗产相媲美吗？那么，我们为何不认为自己是幸运的呢？我们每个人为何不能坚信，“我本身就是个幸运儿”呢？

然而不幸的是，我们当中的大多数所深信的正好是相反的一面。精神上，我们是贫民，我们面临着赤贫，我们总是在抱怨没有这个，没有那个。实际上，大多数人从小都是在这样一种思想的影响之下长大的，他们觉得不应该有成为富豪的打算，也不应该有享受奢华的打算，生活中那些好的、美的事物与他们没太大关系。他们从小就认为自己低人一等，尤其是社会地位上不如他人，这种思想牢牢地扎根在他们的脑子里。他们中许多人生活在城市或镇上的贫民区里，有时他们偶然去了城市当中繁荣、摩登的地方，就会感觉自己没有有钱人或住在那里的人所拥有的权力。

于是，这些人的心态又会通过举止和言谈表露出来，从而也就不断地肯定了他们的贫穷。每当去了一个有钱人家，他们就会表现得蹑手蹑脚、异常小心、拘束谨慎，这足以表明他们认为自己低人一等，或将自己看作是次等人。如果他们有机会同社会地位高于自己的人通信的话，他们在信中也会表现出差别和唯唯诺诺的语气。这种卑微的态度会逐渐在他们的思想中形成一个模式，让他们就得自己的确很差劲，同时也在不断提醒别人，在他们的眼里，自己是多么高贵。

这种人好像并没有意识到，他们这种自我贬低的神态，他们卑躬屈膝的态度大错特错了，这种态度有辱于自己做人的气概和尊严。他们完全应该挺胸抬头，摆出一副平等的姿态来面对让自己畏缩的人，因为他们都是平等的，都是上帝的子女。

记住，只要你在思想里认为自己是一个渺小的、低贱的、让人看不起的形象，视自己为一事无成的家伙、在社区中无足轻重的小人物，那么，你必然会变成自己所估计的那副样子。一个人的心态就像一块磁铁，它能将我们向上吸引，也能向下吸引。大对数人对生活、对职业、对工作都抱有一种错误的态度，这样一来，他们不但没有将自己渴望的东西吸引而来，反而将它们赶跑了。

“我一直都很努力，但却不得不带着遗憾结束这一切。”新英格兰大学的一位教授在他职业生涯马上要画上句号的时候说了这番话。

那么，我斗胆说一句，这个人之所以结局并不完美，是因为在他的思想中早已存在一种不完美的意识，这种思想形态一直伴随着他的一生。我了解像他那样的人。在他的一生中，他或许都是一个喜欢讨价还价的人，也就是说总觉得自己是个穷人，抱有一种“负担不起”的思想态度。那么毫无疑问，他就会有那种吝啬小气、眼光狭小的节约意识，总是要节约每分钱以备不时之需，他不停地想着、提前为坏事情做打算，那么，它无形中就会让自己的每一天都成为不好的一天。

我认识一个非常有能力、志向十分高远、充满热情的人，他终身都在努力工作，然而到了六十岁却仍然看起来不像是个发达之人，他不仅在穿着上不像，事实上他的确不很发达。很简单的一个原因就是他异常节俭的终身习惯，他总是拒绝一切现在应该拥有的东西，因为他觉得这些东西将来可能会用得着。

年轻时，他曾经同贫穷做过艰苦的斗争，在谋生的同时还设法要接受教育，所以在大学的时候，他就过着最节约的生活，因此早在那个时候，他就已经形成了一种限制自己、节约每一分钱、“负担不起”的习惯，这种习惯是永远也无法摆脱的。到后来，他虽然已经登上了很高的职位，但是他仍然戴着廉价的帽子，穿着寒酸的外套和款式落伍的西装。他也喜欢漂亮的西装，但他却总喜欢讨价还价，所以他只好买那些不流行的淘汰的东西，就是因为价格降低了。他总是在淘便宜货，也从来不会去买服装或外衣，除非是在减价柜台。

他在饮食习惯方面也是如此。他总是宁愿去吃十美分到十五美分的午餐，也不要去自己的俱乐部去吃一顿可口的午餐，顺便在那里结识一些有影响力的，有权力的，能够在各方面对他有所帮助的人。出差的时候，他也同样带着他的小气习惯，住便宜的、设施较差的、环境不十分舒适的旅馆，吃旅馆里提供的廉价食物。他总是四处精打细算，他认为这样做值得，但事实上他却让自己的整个生活打了折扣，他的这种抠门的做事方式让他一直处于贫穷状态。我相信，如果他将自己放在更高的社交圈内，发挥自己更大的影响，如果他对自己更慷慨一些，无论是在穿着上还是生活中,那么,他今天定会是一个富有的人。他正是一个“负担不起”的习惯以及流浪猫意识的受害者。

时刻想着你想要的东西是得到它们的好方法，你不可以总朝着不好的方向去想，也不能在思想中持有怀疑、恐惧的态度。大多数人对我们最渴望的东西总是紧闭心门，这样一来，我们就关闭了外界资源来到我们身边的路径，将我们努力为之奋斗的东西拒之了门外。当然我们并没有意识到自己正在这样做，但有一点是可以肯定的，那就是我们错误的心态，我们的质疑和恐惧，我们的焦虑和担忧就像是一个路障，让我们渴望已久的东西无法向我们靠近，也锁上了我们通往外界的大门。

我从来没有听说过哪个喜欢讨价还价的人、总是寻找便宜货的人、买东西总希望比正常价格低的人、总是觉得自己“负担不起”的穷怕了的人做事情能够真正使出自己百分之百的能力来。

有些人抱有“负担不起”意识、讨价还价意识、总是想寻找便宜货意识，为了节省心满意足地忍受各方面的不尽人意——包括衣服、居所、食物、环境、外表形象。这种人永远都走不远。在以上所列举的各种意识的影响之下，我们永远也不可能做成任何一件大事，永远也不可能实现自己最大的潜力。

所以，我的朋友们，一定要当心你自己的意识，因为你的命运就决定于自己的意识当中。

你会发现，在你的职业生涯过程中，你所获成就的大与小、成功与否、幸福或不幸福、健康或不健康、发达或落魄，所有这一切均取决于你的习惯性意识。

我们的思想可以将我们高高举起，我们的视野也随之而开阔。如果你想要扩大自己的生活面，你首先要扩大自己的思维面，包括对自己和和对生活的思维。不论走到哪里，一直要保持自己理想中的状态，一直想着你渴望得到的东西——健康、能力、成功。

将自己看作成效率高的、才思敏捷的、成功的、快乐的人，让这些意念在你的潜意识中时刻保持活力和生机，你就能在自己的生活中实现这一切。相反，如果你总是对自己抱有一种愚蠢的流浪猫意识，如果你走到哪里都是一副卑微的、怯懦的小人物形象，如果你认为自己是一个普普通通的、平凡的人，没什么力量和权力，你就会成为那样的人。一个人成就的大小与性质很大程度上取决于他将自己看得多么大，看作什么样的人，能否看到一个最优秀的自己。

Chapter 7

如何坚持自己

How Do You Stand with Yourself?

人的品格分量最重。
它会迫使人们透过一张不漂亮的脸、透过贫穷、
透过人们的偏见、
透过周围的环境去看待这个人，
它让我们重新看待一切。

074 你能行

爱默生说过，“生活中崇高的事业绝不会欺骗任何人，除非一个人是在自欺欺人。”

如果一个人失去了自己的立场，在赚钱过程中失去了尊严、高尚、正直，那么，就算他有一百万，也始终是个失败者。他虽拥有一份荣耀的事业，却在不断欺骗着自己。

在你真正开始踏入社会之时，你就应该做出一个很好的决定，不论发生什么事情，你都要坚持自己的原则和立场，你决不能滥用上帝赋予你的力量去做一些卑鄙、可耻的事情，从而丧失了自己的尊严，玷污了自己的荣耀。如果你下定决心，让自己在这个世界上至少对一个人，也就是你自己，持有一个正确的观点，那么，无论是在任何情况之下，只要是正大光明的事情，就不可能有谁欺骗得了你。当你有了这个决心之时，也就是你和上帝有了盟约之时，因为你真正的自我、你的本性已经同上帝融为一体。所以，你坚持自己的立场之时，也正是你坚持上帝的立场之时，你同圣洁的事物融洽而和谐，因此绝不可能是一个失败者。

据说，在古老的犹太寺庙中有一个神圣的地方，它通往死后的无知境界。但是这个神圣的地方只有道行极深的牧师方可进入，而且一年也只有一次进入的机会。每一个人心中也有一个神圣的场所，那是一切圣洁与美德的家，我们决不允许任何邪恶的东西进入这里搞破坏。我们应该誓死捍卫这个比生命还重要的地方，因为这里珍藏着纯洁、平和、荣耀、诚实、爱和正义，这里珍藏着生命中一切美好的东西。有了这个最圣洁的圣所，我们无所不能，然而它一旦受到了玷污，我们便什么都不是了。

在你尽了自己的一切努力之后，你可以承受各种各样不请自来的失望，但是，一个人对自己的失望却是致命的。如果你一直都是诚实和纯洁的，如果你一直都很自信，你必定能够从失败和失望中走出来，你可以藐视他人带给你的一切丑闻、谩骂、中伤，但是你又如何忍受得了自己对自己的辱骂，自己对自己的伤害，自己来玷污自己的荣耀？

如果你背叛了你自己，那么你就毁掉了自己心灵中最神圣的那个地方，你亵渎了、破坏了自己最为圣洁的东西，无人能够帮助你让它恢复到以前的样子。如果你失去了最好的朋友，你的自尊、你的生活模式将会受到消极的影响，因为美好生活的基石已经不复存在了。

有许多人遭受着世人的谩骂、误解和呵责，然而他们却依然平静地、镇定地走自己的路，毫不退缩气馁，因为他们从未曾丧失过自己的荣耀与自尊。他们从未失去过良知的支持，只要他们拥有这份良知，一切都不成问题，但是良知一旦泯灭，他便失去了一切。

只要你自己内在的良知丝毫未受到损害，那么，不论你的外部环境和情况如何，你从头到脚就都是干净的，你的每一笔交易都将是诚实公正的；那么，你所做的正确的事、规矩的事将会支持着你、支撑着你抵御世上的一切侮辱，这是可以肯定的。但是，如果失去了这些防御，你将很快倒下，你也不会拥有真正的平静或幸福，更不会获得真正的成功。不论当时这个世界是多么的认可你，夸赞你，但是，如果这一切并不是你理所当然应该得到的，那么，你永远也无法相信你自己。

许多十分受公众欢迎的人，有地位，让人羡慕，受人尊重，但是，却始终无法尊重自己，只因为他自己心里明白，他并没有按照理应有的方式去生活，也就是大部分人认为他应该拥有的生活方式。他似乎拥有一切可以令他成功和快乐的东西，但他的内心却要永远承受矛盾和挣扎。就算这个世界都在为他喝彩，在他内心深处，总有一个微小的声音在对他说："你是知道的，你是个可耻的人，你十分清楚，你时刻带着面具，你根本就不是人们心目中的那个人，你知道，从你的内心深处来说，你并不纯洁，也不真实。你在欺骗人们，人们总觉得你是真诚的、正直的、荣耀的、有气概的，但你却在利用其他人对你的信任。"

凡是企图通过低级消遣、饮酒、声色犬马以及各种放荡行为来寻求真正的快乐、幸福的人，最终无一例外通通都会感到大失所望。比如说，一个男子在夜间出去放纵，他在当时可能会觉得自己达到了合意的结果，他觉得自己满足、释放了自己的欲望，解放了自己的兽性，因此享受到了无比美好的时光。但是，他为这种满足会付出什么样的代价呢？他该如何面对这一晚的纵容、一夜的风流呢？第二天，他会鄙视自己。他在光天化日之下实在是无法理解自己昨天晚上为何允许自己退化到畜生的地步，他如何能够忍受自己动物的倾向用罪恶和污秽掩走自己的人性、自己更高级的本能、自己更好的天性。他宁愿失去一只胳膊也不愿让自己的妻子、孩子、母亲、姐妹知道自己的堕落行为，但是他也付出了代价，于是继续放纵。每重复一次就会让自己的身体感官更麻木一些，让自己的思想也更加钝化一些，让他渐渐失去追求有价值事物的志向。放纵会让自己熟悉低级、堕落的社会环境和体验，会挫伤一个人的自尊心，让他第二天无颜以对世人。放纵过后，他将自己看得连平常的一半都不如，虽然他并没有失去其他的优点。

现在再来说说这个人的生意。毫无疑问他会使用科学的方法经商。他深知，生意上若也是采用私生活方面浪费的、效率低下的、不科学的方法去达到最终的目的无疑是在自掘坟墓，但是，他却毫不迟疑地不惜最高的代价来放纵自己，毁掉自己的男子气概；但是，就为了所谓的愉快和兽欲的诱惑，他不惜同魔鬼，同代表邪恶的东西做交易。他用自己的灵魂换来了破坏自尊、让自己鄙视自己的后果。一个人如果以这种方式做生意，必然会为这种愚蠢和疯狂而感到愧疚，同时也会被人们看作是古怪癫狂的人，用不了多久，他就没有生意可作了。但是，如果一个人故意去削弱自己生命的本源，拿自己的男子气概去交换一场欺骗，那么，他同一个癫狂之人又有何差别呢？

菲利普斯·布鲁克斯说过，“在关注身体的同时，我们还要关注自己的灵魂。这并不是两个责任，而是一个责任的两个部分。”坚持自己的原则就意味着一个人将身体的圣洁同灵魂的圣洁同等重要。我们应当认为身体是神圣的，因为他是上帝的形象，是我们圣洁力量的家园。因此我们不单单是要确保用足适当的食物、锻炼、娱乐休息来支持它，我们还必须小心谨慎地保证它的纯洁和干净。要想彻底尊重你自己，就做一些让自己尊重自己的事情，因为你是上帝的一部分，因此你必须也尊重你自己的身体。如果你无法正确地使用自己的身体，并将它视为神圣灵魂的居所、你圣洁的自我所在的地方，你就不可能做到尊重自己的身体。

节欲、诚实、操守是做人的基本原则。任何时候，只要我们违反了这几条，就必然会付出沉重的代价。没有人能够逃得掉惩罚，因为上帝不会向任何人妥协。也没有人能够避开心中那个小小的声音，那是上帝的声音，它会对你正确的行为说“对”，对错误的行为说“错”。你或许能够从无节制的兽欲或放纵中、从情欲的刺激中、从神经系统的兴奋中得到短暂的、片刻的愉悦，但是别忘了，你每年都有三百六十五次面对自己的时候。晚上刚躺在床上或清晨醒来的时候，你心中的那个声音会叱责你，要来找你算账，因为你损害了自己的尊严，亵渎了你的气概。

在所有迎合人类兽性的方式中，存在的一个最大的事实便是，他们无法从回顾自己的放纵行为中获得丝毫快乐，唯一得到的便是失望。在享乐之酒杯的杯底，沉淀了一层奇苦无比的糟粕。不论是什么年龄的男人，他们都曾经企图让自己的良知平静下来，企图去收买它、麻醉它、摆脱它，有时，震耳欲聋的音响、让人兴奋的事物、饮酒、低俗的歌曲和淫秽的故事或许能暂时压制良知的喧闹，但是，当这一切散去之时，他们会感到如此的道德沦丧、如此的堕落、如此的羞辱和懊恼悔恨，通常需要花上几周的时间去摆脱内心良知的责问。

不论你在生活中是何职位，你都应该一直坚持自己的立场，为了你最大的利益着想，你最好是确保自己能有良好的同伴——洁身自好的、心地纯洁的、正直的、诚实的、积极向上的、慷慨助人的、胸襟宽广的同伴。

一个年轻人若是从一开始就下决心让自己保持清白的记录，让自己的良心明明白白，那么，他理所当然就会战胜一切困难，在他的前面，还有许多工作等着他去做。跟着习惯走要比听从理性判断容易得多；心血来潮或屈服于当时一时冲动的欲望要比抵制诱惑、坚守理想容易得多。得到美好事物的认可并非易事，对诱惑说“不”也很难；走下坡路或顺着河流往下漂要比爬山和逆流而上容易得多。但如果一个人能够在个性塑造方面、在男子气概的培养方面、在获得征服一切困难的力量方面，在养成不走捷径的习惯方面有所收获，他因此而得到的满足感要比短暂的满足感持久得多。这种感觉就好比是一个实物同他的影子相比。

我们或许可以这样看待这件事。如果我们十分清楚，自己在各个方面，道德、精神、身体，都是一个真正的男子汉，是一个在任何时候都守规矩、只做正确事情的人，是一个本着公平、正义的原则和人打交道的人，是一个将大多数时间和天赋都用在寻找机会、成就自我之上的人，那么，生活中再没有比它更令人满足的事情了。

为什么每当你意识到自己一天的工作没做好、你对分内的事马马虎虎、你的工作干得草率不认真，没有用心去做，你就会感到自己是可鄙的，就会看轻自己？为什么每当想起这件事你就会谴责自己，每当想到一切与之有关的事也会感到自责？那是因为你做了违反你本性和上帝法则的事情。这种退化降级的感觉，和这种失去自尊的感觉同你意识到自己犯了道德上的错误时的感觉是类似的。你半途而废的、交差了事的、懒散的、马虎的工作伤及了你的自尊，让你看轻自己，只因为这一切违反了你内心的原则，完整完美的原则。

在没能够发挥自己全部力量的情况下，每个人多少都会有点看不起自己。它还会让自己丧失刺激感，也就是额外的力量、感受到胜利的感觉，这种感觉可以将人提高到更高的阶层。在我们出色地完成了一天的工作之后，我们都会有一种很美妙很兴奋的满足感，人的本性中有一种催促人们做得最好的东西，我们的内心深处同样也有一种微弱的声音，他会在我们做得最好时候赞同我们，为我们欢呼，而在我们做得不够好的时候责备我们。如果一个人没有全力以赴，那么他的行为就永远也无法满足我们更高一层的天性。我们对自己的满足感，或者我们总体上的快乐必然是来自白天的工作，而绝不是来自晚上的放纵或所谓的夜间娱乐活动。如果你在白天的工作中无法获得快乐，如果你无法在工作中找到真正的满足感，那么，你恐怕在其他任何地方都找不到快乐了。

如果你不赞同自己的行为、生活方式和你所从事的工作，你就无法尊重你自己。如果你在生活中保持着绝对的洁净，在工作中绝对诚实；如果你勤奋敬业，尽自己最大努力为这个世界做些什么；如果在人生大舞台上，你老老实实扮演自己的角色，那么，什么都无法阻挡你感到快乐，因为你完全尊重你自己，完全赞同自己的所作所为，因为这一切会产生一个必然的结果——快乐。

虽然每个正常人在做了正确的事情后，都会有一种幸福和满足感，做了错事后，都会有一种非常不舒服的感觉，然而，却没有什么人能够看到这其中的哲理。人们并没有意识到，在快乐、健康和自我尊重之间存在着密切的联系。一切令我们感到不愉快的事情都会减少我们的活力，对我们的健康产生非常不利的影响，如果我们的健康出了问题，我们就会失去一切信心，这样一来我们的生活就会直线下降，自我尊重很快就会消失殆尽。

做正确的事情对健康能起到相当大的促进作用，因为它总是与我们的真我相和谐。因此，它能给我们带来舒适感，让我们的整个身体系统都有所改进。但是当我们意识到自己做错了的时候，我们就会产生正好相反的感觉，让我们的整个精神和身体系统产生混乱、失去平衡。我们意识到自己的行为正在同自己的本性背道而驰，也就是说违背了我们本性中真善美的部分。我们之所以会感到不适，是因为我们感到有一些异类物质侵入了我们，我们的整个系统都对些外来物质起了排斥反应。

不论是何种错误行为，不管是欺骗、不诚实、利用他人，或是放纵于低级邪恶行为之中，不论他是以哪一种形式出现，这些行为除了会伤害到自己的个性外，还会伤及自身的健康，因为它多多少少都会同精神、身体上的功能产生互动的影响。

真理、诚实和纯洁是人类力量最为强大的同盟军，任何故意脱离这一切的人都是在故意扔掉自己最宝贵的财富。

就好比一个没有资金却打算开始创业的年轻人，竟然故意毁掉自己在银行或其他机构的信誉，试图在商业界单打独斗。我们都知道，这是一件多么傻的自我毁灭行为，然而那些丢弃真理、正直原则的人们更傻，因为他们丢掉的，是能够让自己获得成功的真正财富。

大自然早已为一切做好了安排，不论我们做什么，只要同我们的天性中的法则相和谐，就会产生舒适、愉快的结果，就会增加我们幸福的感觉，就会促进我们的健康、快乐和财富。因此，不论从哪一点来看，做正确的事情都是值得的。同我们心灵最深处的基本法则保持和谐不仅能够让我们更快乐，还能让我们更健康、更发达，因为我们的能力也因此而大幅度增加了。不论在哪里，和谐意味着力量和权利，纷争意味着虚弱。

要想让生活结出最美好的果实来，只有一种办法，那就是紧紧跟随和谐的脚步，按照我们本性中的真我来做每一件事。我们同自己的本性相分割的那一刻，也就是我们陷入各种麻烦的那一刻，也是我们整个天性变得杂乱无章的那一刻。

有许多人无视良知，认为这太严格、太难达到了，它将一个人固定在一条刻板的道路之上，只能循规蹈矩，它让人没有了活动的余地，让他们无法享受好时光，他们要的是自由。他们认为，有很好的良知固然不错，但是良知对于一个商人来说代价太大了；他们认为，更多时候，良知应该是家庭的产物，这种东西尤其适合留着给女性用。

但上帝的教诲声就存在于我们每个人心中，不论性别。它是我们最好的朋友，我们不可能拥有比它更好的朋友了。这个朋友永远也不会被收买，它绝对正义，绝对真实，绝对毫无偏袒，这个朋友永远为你的最高利益着想，永远也不会对我们说一些不利于我们向着最高层次发展的话语。

你可以麻醉自己的良知，但你却无法杀死它！它是你内心深处一个小小的告诫物，在你做了好事情时它会感到欣慰，在你做了坏事时，他会责备你。你狂欢、放纵时的喧闹只能在短时间内淹没这个小小的声音，只要你从兴奋和错误中清醒过来，你就会感到无比的懊恼和自责。

对于任何一个人而言，最糟糕的局面莫过于做了错事却感到十分舒坦。

这种情况下，他的良知出于沉睡和麻木状态，他心中的那个小小的告诫物失声了。直到某一天，严重的问题或灾难性的事件唤醒了他的似是而非的良知，然而，此刻他已是四面楚歌的境地了。

默里博士说过，当一个人的脚处在麻木状态下时，他感觉到很舒适，一但它开始苏醒，恢复了知觉，随后而来的疼痛，这种讨厌的感觉就会将他一下子弹起来，在地上乱跳。一个人良知的觉醒也是同样的道理，只要它不再沉睡，就会让我们痛苦。然而不幸的是，正如默里博士所说的那样，病床通常是让一个人的脚开始恢复知觉的地方，也是让一个人的良知重新恢复生命的地方。到那时，他就会说，“我要是没做这些事情就好了！我要是做了些别的事情该多好！要是能让生命重头来过次，那该多好啊！”

如果我们强行将良知掩盖，如果我们将良知淹没在酒杯里，或用毒品来麻木它，那么，伤痕累累的自尊总会前来找我们算账，并对我们纠缠不休。任何东西都无法将良知湮灭。我们无法逃避这位伴随终身的内心信使对我们的谴责，它总放在不断地告诫着我们，为我们指明正确与错误的道路，告诉我们每走错一步将会产生什么样的后果。不论我们如何努力想要让它沉默，或逃避它，良知终将会在你意想不到的地方遭遇到我们，它是我们的控诉者。

如果你不去身体力行，你将无法成功地捍卫自己的主张，你内心那个始终在那里的小小的声音会一直萦绕在你脑海中，抗议你的行为。所以，你必须无条件地赞同这个小小的告诫物，否则，你将无法昂首挺胸面对整个世界，你将无法尊重你自己。所以，“相信你内在的这种推动力吧，没有人能够高过它。人类可以违背它，可以憎恨它，可以亵渎它，但是有过罪恶的人却始终无法凌驾于良知之上，他只能感觉到良知高高在上俯视着他，预示着他的毁灭。”

每一个卑鄙、可鄙、不诚实的行为都会带走你的自信，因为你会谴责自己的行为。上帝在创造你的时候就已经决定了这一切，你必须沿着公正、真理、纯洁、正派的道路前行。要想为了自己而做最好的事情，你必须要认可自己。你无法同自己的行为、思想、割裂开来，就如同你改变自己的肤色和眼球的颜色。

无论何时、无论何地，都不要做违背自己良知的事情。无论任何时候，如果有人引诱你去做有悖于这一切的事情，破坏你自尊的事情，你都要严词拒绝。他们会因你坚持自己的立场而尊重你，你也会为此变得更加强壮。

一个能保持正直的人是一个强大的人，是一个同自己的本性相和谐的人。

但如果他抛弃了这一原则，如果他不再追随自己真正的本性，他就会变成一个十足的软弱之辈。

世界上还有比对抗强大的正义和真理更徒劳、更愚蠢的事情吗？还有比为不诚实、谎言、欺骗而战更容易失败的事情吗？

答案是肯定的，在这场冲突中，绝不可能会出现第二种结局，最后胜利的总是正确的事情。

正确的事情永远是成功的，无论其结果是否会立刻很明确地显现出来。正确的东西永远都不会失败，错误的东西无论如何都不可能成功，因为整个宇宙都在反对它。

许多不择手段，通过欺骗的方法聚敛财富的人都是失望的、不快乐的，具体原因他们也不十分清楚。他们认为金钱几乎可以买来一切，能够满足他们的任何欲望，但对于一些金钱买不到的东西，他们却仍然感觉到一种隐隐作祟的渴望。为什么呢？因为他们破坏了道德上的和谐，抛弃了唯一能够带给他们永恒的满足感的东西，这个东西就是人类本性法则——真理、正义、公正。他们对自己不满意，是因为他们天性中能够带来满足和幸福感的那个部分并没有得到发展。他们的一生都花在追求错误的真理之上，而这一切从未得到过自己良知上的认可。

如果你背叛了自己，那就谁也帮不了你。如果你失去了自我尊重，你就失去了最好的朋友。

你的整个生活结构就建立在自我尊重之上，它是你品性、男子气概与女性操行的基石。

如果你尽了自己最大的努力，那么再大的失望你都能够忍受，即使是身陷失败，面对灾难，你仍能够以冷静、诚挚的姿态示人。但是，对自己感到失望、失去自我尊重的感觉，是成功和幸福生活真正的致命敌人。

黑暗中拯救自己

人在忧郁沮丧的时候，要尽量改换自己的环境。无论发生任何事情，对于使自己痛苦的问题，不要过多地去思考，不要让它再占据你的心灵，而要尽力想着最快乐的事情。对待他人，也要表现出最仁慈、最亲热的态度，说出最和善、最快乐的话，要努力以快乐的情绪去感染你周围的人。

送给
渴望成功的你！

Chapter 8 开创事业新哲学

The New Philosophy in Business

做事情不能只靠手，
更要靠大脑。
只有思考过后做出来的事情才更具价值，
因为思想是一切新事物的开端，
是创造力的源泉。

088 你能行

“想法不断，永不懈怠。”

这是一则我想要送给每一位成功商人的座右铭，它一语道破了新的哲学和效率的本质。它提出了一种正确的思想，让人们用正确的心态来对待自己的一切，积极去做自己认为值得的事情，能够让你梦想成真的事情。

对于大多数人而言，最大的问题就是缺乏正确的思想态度，因为我们并不知道它具有多么强大的力量。很少有人意识到，一切发明创造出来的有形事物最初也只是一个念头——我们的想法、梦、想象总是出现在行动之前。我们往往低估无形的思想，也就是我们所看不到的、触摸不到的东西所具备的力量。虽然我们都知道一个事实，任何事情中最有力量的部分往往是看不到、摸不到、听不到的，然而，我们仍然对思想的价值抱有怀疑，并没有将它视为一种能起到作用的力量。人类是这样一种看重物质的物种，对于看不见、听不见也摸不见的东西，我们便很难相信其真实性。

实际上，所有的事情都是在思想的驱动之下才发生的。在这个世界上，若不是先有了思想，恐怕也不会有什么行动，是思想推动着事物朝着它应有的结果发展。任何通过感官能够觉察到的事情，都是在思想的推动下向前发展的。

它是一切运动、一切成就、一切事物最终形态的原动力。

如果没有思想带路、提建议、做计划、发号施令，这个世界上将不会再有建设性的发展，也就是说，整个世界将会处于静止状态。

在过去，人类在很大程度上依赖野蛮残忍的方式实现自己的目的，人类通过物质的媒介生硬、残酷地达成自己的最终目的。但是，新的生活哲学已经将一个更好的工具交给了人类手里，这个工具能让人类更有效地达成自己的目的。人类越来越发现，虽然大量的工作仍然要依靠体力劳动来实现，但是，通过思考所能得到的东西，绝对要比过去十足的残酷暴力所体验到的东西更好；人类越来越发现，通过正确使用自己的精神力量，它能让自己拥有磁铁般的力量，将自己渴望已久的事情吸引过来，成为现实。

你不停地考虑自己的事业，不停地为它做计划，不停地打算扩展它，并做出一项项周密的事业促进规划。也正是因为有了这些，你的事业才有了长足的发展。你的理念、你的计划、你的热情、你对成功的展望——所有这一切都是能够将你梦想中的事情吸引而来的强大精神动力。你思想中的宏伟蓝图，以及为了完成这张蓝图，你的思想对一切物质层面的事物所发号的施令，所带来的影响是令你的事业蒸蒸日上的推动力量。

不论一个人是否意识到了这一点，但是，只要他有自己的想法，并不停地为之奔忙，那么，他就是在身体力行这一新哲学。始终保持乐观的思想，从开始到最后，带着信心和智慧的行动将会带你达到最终的理想。

新的哲学能够帮助人们成为我们所谓的“幸运儿”，因为它告诉人们要保持一种幸运的心态。不论眼前的景象是多么黯淡，哪怕是乌云密布、风暴肆虐，那些持有乐观思想的人们深知，阳光就在乌云背后闪耀，所以，他们总能够达到自己的目标。

一个事业在战争中毁于一旦的新哲学信奉者说，“不，事业虽然处于低谷，但我们绝不能随着它下滑。我的事业并不能影响到真正的我，或许那些肤浅的工作偶然会出错，但是，我完全没有必要也跟着它出错。我不可以消沉，因为我身体里有一种神圣的东西，这种圣洁决不能随着我的生意一起跌入低谷。

此外，这也只是暂时性的衰退，我的事业将会再次兴隆，而且要比以前更上一层楼。”

这便是一个有良好教养的人应有的态度，神圣的原则在指引着他的生活。他决不允许自己抛弃自己的原则，也不允许因为事业上暂时的挫折或低谷而失去自己一贯的姿态。不论他失去的是什么，但有一件东西是他永远也不会失去的——他的勇气和他对自己的坚持，因为他知道上帝永远站在他的身边，因此他绝不会失败。他一直都坚信一个真理，上帝就像牧羊人，而自己就是他的一只羊，将所有的信任都交付给上帝，上帝会为他安排好一切。

信奉新哲学的商人每天早晨总是带着新鲜、活力、饱满的精神进入工作，因为他知道，上帝就是他的健康和力量。他无需时常担忧自己会感冒、会得慢性风湿病、会有严重的头疼。

当他进入办公室或商店时，并不是感觉一下子就陷入了发愁、烦躁、为眼下的一切而焦虑的状态。他也不会因为速记员的一点点小失误、其他雇员粗心的错误、某些商品的毁坏或损坏以及其他日常工作中的琐事而崩溃疯狂，因为他知道，如果他这样做，必然会浪费许多力量、浪费许多脑细胞，与其这样，还不如做些更值得的事情。他知道，自己发不起脾气，因为发脾气会让他的精力流失，会让他变得无精打采，会消耗他的精神资产，而他完全可以将这一切用在工作中。他知道，浪费自己宝贵的经历是一种目光短浅的做法，所以，他会尽可能地保存它。

这种新型的商人并不会将自己的事情带回家，因为他知道，每失眠一个小时，每一次焦虑都是在打击他的信念。他知道，如果思想中充满恐惧和担忧，就根本不可能胜出，如果自己躺在床上还在想生意上的事情，那么，第二天他就无法将一个精力充沛、能够灵活处理每一件事的自己带入办公室。他必须完全进入工作状态，尽可能地让自己处于最佳状态，否则，他就会带着一身的疲惫和劳累面对自己的工作，而这一切的正是因为他头一天晚上对工作上的事考虑了大半夜，让恐惧和焦虑思想损害到大脑所导致的，这样很可能会让失败不请自来。所以，只要他一下班，就会将自己的顾虑、担忧、他所有的问题锁在办公室里，当他将钥匙插入家门的锁孔时，他将一切折磨他、令他不开心、妨碍到他的成功、妨碍他体会回家的快乐的事情都关到了门外。

具有新思想的商人比以往的商人更阳光，更振奋。他的脸上带着与以往不同的表情，那是一种充满希望的表情，期待着美好的事物发生在自己身上的表情。他的脸上找不到害怕与怀疑未来的表情，而在老一代的商人脸上，你常常能看到它们。在他的脸上充满了自信与肯定，那是一种胜利的表情，是一种胜利的预兆。

换句话说，拥有新思想的商人觉得自己是一个征服者，是自己灵魂的主人，是所有情况的掌控者，因为他是神圣的，拥有一种超凡的创造性力量。他意识到自己是无限的资源当中的一分子，他徜徉在资源丰富的海洋中，如果他保持着积极的思想，所有他需要的，所有对他有益的都将会被吸引而来。他知道，他的自我也正在寻找他，如果他一直保持正确的心态，将自己的努力付诸于物质方面的实践，那么，他真正的自我必然会找到他。

不论你的工作性质是什么，也不论你从事的是哪一行，你都应该有一个朝着繁荣的方面、快乐的方面、好运的方面去想的习惯，这种习惯将会在你的思想里确立一个方向，十分有利于让你在任何情况下，都朝着这个方向努力。这种心态会对你起到极大的激励作用，让你更加自信，因为你将看到自己更多的能力，所以你将更加看重你自己，你将看到在自己面前有更多的机会在等着你。

要习惯性地一直将自己看作是一个幸运你的人，认为自己的事业注定会成功，并养成习惯，永远不允许自己去想，我是不幸运的人，或者周围的环境、周围的人都不利于自己之类的事情。这种习惯会对一个人的心理产生奇妙的激励作用。

现在，有许多商人总在思考或者同其他人谈起自己想要退出，自己的事业不像以前那样发达之类的话，因为他们根本就没意识到，他们悲观的态度和悲观的表情往往只能加重自己所面临的外部情形。

我认识这么一个悲观的人，他的事业在近几年中一直处于低谷至今，他几乎就要破产放弃了。在我的记忆中，每当我问起他的生意怎么样时，他没有一次不在说，“哦，糟透了，糟透了。没什么生意，从来没这么糟糕。”不论其他人做得多么好，这个人总是在想一些向下的事，在谈论一些向下的事，那么，他的情况当然也永远无法高于自己所想的标准。如果一个人总是面对着失败和毁灭，那么，他建立一个繁荣的企业的奇迹就不可能发生。

如果一个人不论走到哪里都无意识地在想、在谈论自己会放弃自己的事业、职业，不再像以前那样兴旺，那么，这便无异于他在谈论、考虑自己会失去健康和力量，因为如果我们不停地谈论自己的病痛，脑子里总是想着可怕的疾病症状，那么，它必然会加重我们身体上的情形。

支持着我们健康的法则同样也支持着世界上的各行各业。如果你总是在说，你的事业不景气，那么你每重复说一次，你思想中对应的情景就会在你的潜意识中被蚀刻得更深一些，久而久之，这种思想就会变成一种模式，这种模式会深刻影响到你的生活和事业。

西班牙人有一句俗语，绵羊每多叫一声，就会少吃一口草。所以，生意糟糕时，不要总是谈论它。每次人们问起你生意怎么样时，你就开始抱怨，“唉，很糟糕，死定了。没什么业务，已经捉襟见肘了。”这样一来，你就是在助长你所肯定了的情形。如果每个人都以这种方式谈话，那么，生意就会走下坡路。有时候，生意就像是人们所想和所说的那样，生意的情况很大程度上就是一个心理问题，好或者不好，情形往往是人们的思想和期望的结果。

比如说，有多少次我们国家的经济危机都是由人们的恐慌所引起的。人们总是担心货币短缺、庄稼歉收，或者其他可能面临的意外与不测，在这种情况之下，每个人都开始预期糟糕的生意。一个国家里有千千万万的人都在不停地说，“生意糟糕透了”、“没生意可做”，如果每个人都在想象着“艰难时光”，谈论着消极的话题，如果没有人拓展新业务，没有人组建新企业，没有人去努力开辟自己的新业务，如果人们说，“我们只是暂时偃旗息鼓，先避避风头”，那么产生萧条的局面还有什么值得奇怪的呢？原因何在呢？因为整个企业界都笼罩着一层萧条和压抑的气氛。成千上万的商人们都在谈论“艰难时光”和“糟糕的生意”；商人们仅够糊口；生产商生怕积压，因此许多工厂纷纷关闭；成千上万的人失业，这下子，“艰难时光”真的到来了。

换句话说，人类能够人为地制造出他们所害怕的情形，因为他们总是不停地肯定它们、预测它们，为它们做出准备。如果在这个时候虽然人们意识到了“艰难时光”，但是他们谈论的却是其他一些事情；如果这个时候人们谈论的话题是向上而不是向下；是在为好的事情而不是在为坏的事情做打算，那么，整个商业就不会出现萧条。

我们人为制造出来的事情都是我们思想的结果，这是我们的资产、我们的成功、我们的幸福。令你嫉妒的，你眼睁睁看着人家做出不可思议的事情的人，只不过是利用了朝着好的方面想的益处。他们的想法是积极的，而你的想法则是消极的、具有破坏性的；他们正在树立自信和信心，而你却用你自己的怀疑、恐惧、焦虑摧毁信心。

但光有信心却不让它发挥作用是徒劳的，光有想法却不付诸行动同样也是毫无意义的。

圣经告诉我们，狄波拉（《圣经·士师记》中的女先知）对贝拉克说，“强大起来！”贝拉克受到了这个预言者的召唤后，开始有所行动，最终征服了他的王国。

想要征服自己领地的商人不仅要积极地朝好的方面去想，他还必须积极去实践。如果他满足于父亲传下来的这份生意，或者还在使用十年、十五年甚至二十年前能获得成功的方法在做生意，那么，他很快就会落在其他同类企业之后。我们的身体在不停地新陈代谢，这样才能更强壮、更健康，商人也是一样，只有不断地给企业注入新的理念，不断提高方法，才能够让自己的生意不断向新的标准发展。

即使是最纯净的水，只要它是死水一潭，也会成为一潭臭水；即使是经营再好的企业，如果业主没有时刻保持警觉，没有永不止步地寻求更好的经营方法和最先进的技术，最终也会走向衰退。

一直保持进步、发展的企业家必须同竞争对手保持联系。他要不断地参观模范商店，参加展销会，参加各种展示和开幕仪式，这一切都能够为他提供机会，研究出他自己更好的方法，以便用一些新的理念为自己的企业输入新鲜血液。他必须一直持有这种想法，然后不停地实践，因为一直生活在过去对于一个不断进步的商人而言，是一件耽搁不起的事情，他必须直面今天的形势，并走出企业外。

对旧事物的依附倾向，包括旧的想法、旧的关系和旧的环境；害怕任何形式的改变，即使是变得更好，都是制约人类进步的重大因素。

如果我们想要不断发展进步，我们就必须不断同阻碍我们前进、容易让我们扎根于旧环境，依附于枯竭资源的事物作斗争。勇攀高峰、斗志旺盛、为了理想的目标奋斗终身是一个人不断进步的唯一方法。在生活的道路上止步不前就意味着衰亡。

安德鲁·卡内基的主管有一天发电报给他，“今天我们所有的项目都打破了最好的记录”，而这位钢铁大王立刻回电说，“何不让每一天都如此呢？”

每一个想要不断进步、想要不断提高能力、想要扩展自己才能的人，都必须要尽自己最大的努力超越他过去的记录。他必须时刻准备着利用一切合理的机会提高个人能力、发展自己的企业或职业技能。

没有哪个年轻人能够承担得起企业发展到某个程度就心满意足，不再动弹了的后果，他必须要想办法突破以往的业绩。一个人感到满足的那一刻便是他停止进步的那一刻，也就是标志着自己的事业开始走向衰败的那一刻。

不论一个人所从事的是哪个行业，只有一种方法能够确保他不断进步，那就是不断努力超越自己的极限。无法持之以恒的努力，不论它多么强劲有力，都无法做到这一点。日积月累的进步决定着最后的整体提高。

如果你昨天的工作做得很好，很出众，但你绝不能满足于既得的荣誉，将它当作今天休息下来的理由，它应当成为激励你不断向前，在明天获取更大的成功的动力。如果你今天打破了自己前所未有的记录，你不妨用卡内基先生发给他主管的电报来提醒自己，“为何不让每一天都如此呢？”

圣保罗说过，“做生意不能懒散，要带着饱满的热情去为上帝服务。”这种服务于上帝或同他合作的理念正在商业界里蔚然成风。

许多商人们发现，自己经商生涯中最丰厚的利润，也是最令他们满意的地方均来自于实行“黄金规则”。这条规则正在一天天地执行下去。很长一段时间以来，这条规则被列入禁忌范围，或者被人们嘲笑。人们说，“你不能将生意同宗教混为一谈，生意就是要做生意，你不能将《圣经》的戒律带到你的账簿或工厂中去。”但是，“黄金规则”如今却已经渗透到了商业领域里。

“生意就是生意”是商人们常常用来为自己有缺点的经营方式找借口的关键词。这种陈词滥调再加上另一句，“别人都是这个样子”，早已让无数的商人丧失了良知，这两句话早已被用做幌子，为他们一桩又一桩彻头彻尾不正当、不诚实的生意来申辩。

今天我们不是经常能听到这种借口了。

今天的商业界所普遍应用的这种“黄金规则”正在缓冲很早以前那种生硬的方式,并且带来了最令人惊奇的效果。这样一个时代即将到来，到那时，所有的雇主与雇员都将发现，他们的利益其实是一致的，他们才是真正的合作者，都在为同一个主人工作，都在追求共同的目标——每个人都在追求更好。

许多人认识不到，他们的利益只有在遵循“黄金规则”的情况下才能最大化，这些人往往对待自己的雇员苛刻而残酷，最终只能导致自己的灭亡。他亲手毁灭了所有生产人员最富有活力的希望、热情与自发的积极性，将工人们的服务从满怀喜悦变的工作转变成为了枯燥无味的苦役。

不论你是做什么工作的，你都会发现，在相同的条件下，不论你做什么样的投资，最终得到的回报都比不上对待每一个工人就如同对待你自己一样所得到的回报多。不公正、呵责、挑毛病、批评和极为苛刻的方法从一开始，不论是在哪个行业，就早已经被证明了是极其浪费人类的精力和效率的方法。

如果一个商人的座右铭是“生意就是生意”,而不是“想法不断（正确的想法），永不懈怠”，那么，他的这种经商策略迟早会将他带入绝路。如果他为自己的高于常人的小聪明、狡猾，他在经商方面的超级精明而沾沾自喜；如果他让自己的雇员和销售人员误导消费者，故意隐瞒商品缺点；如果他在新泽西制造的技术商品上贴上“法国制造”的标签；如果他的企业是建立在各种伪造的包装、用各种手段欺骗误导顾客，那么，这种不诚实经商的策略最终毁掉的不仅是他的企业,还有他的整个人性。

有一种现象很奇怪。有那么多的人明明知道自己的存在完全依赖于上帝，没有上帝的帮助，他们将再也无法呼吸，心脏将再也无法跳动，然而，他们似乎却认为，在自己的生意中总想着上帝是一件愚蠢的事情，是弱者的表现。为什么他们在生意中竟然会忽略自己同全能的主之间的关系呢？是上帝给他们生命的力量，让他们的生命得以持续；是上帝赋予他们壮志凌云的力量，赋予他们能力，让他们能够欣赏、享受到上帝为世人所创造的一切美好的事物。那么，他们为何还会认为将这种力量带入合作关系是一件傻事呢？原因就是，他们并没有意识到自己同上帝之间的同一性，因此，他们并没有正确的思想。

现在，新的哲学承认万物同上帝具有同一性这个伟大原则，因此对于每一个生命又有了一个全新的看法。它让我们以全方位的视角去看待每一个人，因此，人们的野心改变了，人们的动机变得不那么卑鄙、自私了，人们变得更加利他、施乐好助了，人们的生活中少了许多卑鄙与贪婪。

对于新的哲学观感兴趣的人在做生意的时候比以前更讲求良知了，他们不再像以前那样自私、贪婪、巧取豪夺了，因为他们知道，这并不是什么科学的方法，他们会因违反了正直原则而付出代价，他们知道，经商中的“黄金规则”才是最佳的、最科学的策略。

新的哲学摒弃了自私的动机，因为它让我们看到，所有的人类都是我们的兄弟姐妹，我们都是从同一个来源获得了自己的本性与维持供给。如果我们意识到了生活中这一更为博大的联系，认识到了万物的同一性，那么我们就会看到，世间的一切均按照同一条真实、伟大、统一的法则在进行运作，自私便不再像以前那样令人满意。如果一个人开始认识到别人也是他自己的一个部分，那么，他就不会再有欺骗他人的欲望了。

那些靠自私手段、不考虑他人利益追求事业的人永远无法获得幸福，因为上帝所创造的人类只适合他统一的计划，而自私恰好不在上帝的计划之中，贪婪则是上帝为这个团结友爱的世界做出的计划中的敌人。一切不带有自私、不诚实、不清白意味的事情；一切不会伤害到他人的事情；一切没有贪婪、嫉妒、眼红、憎恨的事情，都在上帝的计划中占有一席之地。

如果你是靠那些与上帝的计划不相和谐的手段来谋生的人，那么幸福与真正的成功绝不可能实现，因为你违反了自己的本性。如果你的职业或你的生意并未得到自己毫不犹豫的赞许；如果你的内心深处并没有对你说“阿门”；如果你所做的事情存在很大的问题，一直不停地拷问你心中的良知，那么，你就必须为违反了自己心中最美好的一面、亵渎上帝赋予你的基本原则而付出代价。

如果你的职业有悖于上帝造物时的计划，如果它有损于人类的道德，如果你是靠利用他人的弱点、迎合他人的情欲、为了自己赚钱，故意去诱惑他人而谋生，那么，你就是在从事伤害自己同胞的事情，你所做的事情就是在降低他们道德尺度，那么，无论是在天堂还是在这个世界，你都无法找到令自己快乐的东西、让你成为一个真正的男人或女人的东西。你必须用“黄金规则”来端正自己的生活，你必须用上帝神圣的计划来规范自己的工作，用你的天性法则，用公平、正义、真理、慈善的法则来约束自己的行为，否则，幸福与成功将永远对你不屑一顾。

换句话说，如果你不把上帝视为自己的合作者，你就永远无法成就上帝对你的期许，但你绝不能将上帝看作是你做坏事的合作者。你的生意必须是合法的、对他人有帮助的，必须是有必要的，必须是有利于而不是有害于自己同胞的，否则，上帝绝不可能与你同在。如果没有了上帝做你的合作者，你就无法获得最大的成功，因为上帝就存在于你的生命中，你的生活，你的一举一动同样也在影响着他。

同上帝合作是唯一不断发展，取得真正成功的途径，因为“上帝就在我们身体里，那么谁又能与我们为敌呢？”如果你有了上帝这个合作者，你就是正义、真理、“黄金规则”的合作者，你又如何能够让如此完美的合作者感到失望呢？

将美好渗透到每个细胞

What are You Thinking Into the Little Cell Minds of Your Body?

人其实是用身体的每个细胞在思考，
而这些小小的细胞究竟如何，
则完全取决于你的思想。
我们身体中的每一个细胞都是神圣的，
我们通过体验，就会明白，
到底什么才是真正的生活的力量。

不要再去想你的感冒！不要总想着你会感冒！不要想象你感冒的样子！不要再去想每次你的脚着凉或坐在通风口，你就会生病！

如果我们总是不停地去想那些令自己感到害怕或恐惧的事情，总是在密切关注着一切同它们相关的症状或预兆，那么，这种心态无疑会减少我们活力；如果我们抱有这种心态，那么，这种心态无疑会加速疾病或弊病的进一步发展，就这一点而言，恐怕是在正确不过了。

如果我们不停地向生命细胞发送怀疑的信息，发送我们将会生病的担忧，那么，我们的身体就不会表现出健康的状态。因此，要想让身体各方面机能处于协调状态，我们首先要让自己有一个正确的心态。

一位著名的医生理查逊公爵说过："很显然，有关精神状态对原发性生理疾病的影响这方面的研究实在是太少了。"

与数年前相比，我们正在将更多的注意力投入到这个方面，但事实上，真正意识到意识能够给思想带来影响的人却寥寥无几，所以，人们总是不停地通过意识来传递自己的思想，尽情地释放那些能够导致疾病的情绪和感情。每当我们产生不协调的思想、情感或情绪，我们必然会在身体上相应地也产生一些不协调，这就是代价。

我们往往把身体想象成一系列不同的器官，这些器官都是独立存在的，它们的质地和构造都完全不同。然而，科学告诉我们，人类的身体是由一组组微小的细胞所构成，细胞起到了交流传输的作用。每一组细胞都能起到不同的身体构建或身体保护作用。其中一组起到了为身体构建骨骼的作用，另外负责为身体搭建神经，其他还有几组分别是负责大脑、肌肉、皮肤组织等等。

身体内的每一个细胞都在为这个人整个身体的最佳状态而发挥作用。每一个细胞都是我们的朋友，我们也应当将它当作朋友来对待。

这些细胞不会随着身体的长大而增大，却会以不断分裂的方式增加数量，每一个细胞都能够分裂成为两个完整的细胞，这个过程在不断持续，一直到这个人完全长成为止。每一个细胞都是通过自身的分裂来延续下一代，不论它的母体细胞是好是坏。

一些细胞极为微小，据估计，要将两万五千个或更多这样的细胞并排在一起，方可达到一英尺那么长。但是它们却可以带着人类的智慧去做自己的工作。身体里的每一个细胞都是一个工人，不断地为自己所属的社区服务。有一些细胞可以算得上是专门细胞，比如说肝脏细胞、心脏细胞、肺部细胞、消化系统细胞。每当任何器官或功能发生损伤之时，这些小小的专门工人就会立刻来做修复工作，血液会给它们带来各种所需原料。科学家们告诉我们，这些细胞工人的建设和计划工作就如同建起一座大楼或铁路那样高明。

正因为身体的全部细胞都多多少少是具有智慧的，所以，我们不仅仅是在用大脑思考，而且还在用全部身体器官在思考。我们很容易就能明白，我们的思想和信念必定会对这些智慧细胞产生影响，其性质使然。我们既可以通过思想让身体的每一个细胞里充满健康，我们也可以通过思想让身体里的每一个细胞充满疾病。我们既可以为它们输入带有健康的信息，也可以输入带有疾病的信息。

就拿胃部的细胞来说吧，胃部细胞能够分泌一种消化食物的液体，如果大脑发出一种消化不良的思想或信息，那么这些细胞在工作时，功能就会大大减退，它们会大量减少消化液体的分泌，因此无法彻底完成必要的消化过程。任何有损于胃部细胞的东西都会有损于消化液体，因此，会导致严重缺乏身体所需的营养，因此，人体的活力就会大大减少，抵抗力也会在很大程度上降低，因此，疾病就接踵而至。潜藏在人体系统中的疾病病菌就会在衰败的细胞上大量繁殖。

我的朋友们，你们对自己身体中的智慧细胞又说了些什么呢？你是否一直都让它们充满了担忧、焦虑、恐惧、害怕和疑虑？你是否在身体里这些小小的细胞中输入了一些不良的信息，比如说怀疑、不确定、质疑自己的能力和健康、缺乏自信？你是否曾对自己肾脏或肝脏的细胞说过一些不好的话？比如：你已不再是它们的主人，你打算用药物来代替你的精神力量。你是否打算告诉它们，你已不再是它们的统治者，你的思想将会撒手不管，会将自己的力量拱手奉送给某些药物，那些从盒子里或瓶子里拿出来的东西？如果它们很明显是生病了，或许它们正是你的消极思维、你自卑的想法、你消极的情绪、你的失望沮丧所导致的受害者，那么，你还打算继续用思想为他们输入一些更沮丧、更自卑、更无望的信息吗？还是，你打算用希望、信心、自信、期待美好事物的到来激励它们？你是否打算将健康、乐观、快乐辐射到每一个细胞中？

你是否会用一些健康、鼓励、建议、自信、希望、期待美好事物、期待救助这种精神信息来调和缓解这些不健康、恐惧、焦虑、愤怒、自卑的有毒的精神细胞？你会为它们输入一些具有疗效的思想呢，还是一些有疾病的思想？你会用思想保佑，还是咒骂它们？

爱迪生说过，“我们身体中各个器官的细胞之所以会失去功能或死亡，是因为它们无法忍受我们用错误的方式对待它们。它们并没有做好打算按照我们发给它们的指令去做。它们常常因人们邪恶的建议、缺乏信心，充满怀疑、恐惧、担忧、焦虑的思想而受到严重打击！”

思想中总想着生病，想象中充满疾病和不健康，总是留意不好的症状和趋势，时刻想着自己的健康欠佳，担忧它、为它烦躁、谈论它、描述你的症状、研究治病方子、看那些医疗广告上描写的症状并将它们同自己联系起来。所有这一切消极的信号都相当于是给身体的每一个细胞发了一个电报，让它们加速疾病的发展趋势。

身体的细胞会根据我们想象和确信的事物而变得压抑或者兴奋、刺激、鼓励。

你是否总感觉自己的肾脏有问题，并且为此而苦不堪言？殊不知如果真这样做了，当你这样肯定时，你究竟是在做些什么？肾脏就像我们的胃一样，都对我们的思想十分敏感，如果你这样做，就是在给它们的细胞注入许多焦虑和恐惧。当它们需要你的鼓励时，你不但没有鼓励它们，给它们注入刺激和振奋的精神，反而给它们发送了一些失望和沮丧的信息。结果会是什么呢？当然是有毒的化学物质。你是在给那些正为改变肾脏不正常情况而努力的微小细胞增添额外的负担。你不但没有帮助到它们，反而妨碍了它们，你是在打压它们，让它们失去信心。这些都严重地干涉到了细胞的正常功能，从实质上促进了潜伏在那里的疾病发展的可能性。众所周知，有许多人，尤其是敏感型的人由于担忧和想得太多而患有“布莱特”病或其他一切肾脏疾病。

这种心态即使是对正常人的身体器官也绝对会起到破坏打击作用，所以，你应该让你的肾脏以及身体的其他器官有思想的细胞受益于你的鼓励、你积极向上的思想，这样一来，他们才会表现出正常的功能。

胃部对我们的思想十分敏感。如果我们收到一封传递坏消息的电报，比如说对我们重要的人病危、去世或者有其他不幸的事件降临到他们头上，我们都知道我们胃部的滤泡会多么快就感到灼热干燥，不再分泌胃酸。在胃液分泌恢复正常之前，胃部会丧失消化功能。然而，如果这些不幸的消息一直停留在他的意识中，挥之不去，那么，他的胃液分泌就不会恢复正常。这是因为胃部的细胞同大脑以及身体其他部分的细胞是协调一致的。

既然我们都知道了细胞会随着我们向它传递的信息而做出反应，因此，如果我们希望细胞能成为我们的朋友，而不是我们的敌人，让它们的一切功能都能保持正常，我们就必须对它们保持友好。

我们完全能够将表明自己希望的信息发送到身体器官有生命的细胞中去，并鼓励它们有所反应，就如我们对待孩子那样。如果我们总是在打击孩子、呵责孩子、怪罪和谴责孩子，孩子就永远也做不成任何事。我们可以向身体内每个器官的智慧细胞发送失望或希望的信息、愉快或忧愁的信息、期待美好事物或是相反的信息，因此，我们既可以用愉快、健康、希望、成功，也可以用失望、疾病、悲观来将这些信息写入我们的生命中。换句话说，对于我们想要实现的梦想，我们必须抱有期望、思想、和信心。我们的思想频率必须与我们希望出现的事情保持同步与和谐，必须要同有益于健康、快乐、富裕生活保持同步与和谐。

在生活中，你要坚持自己同上帝的同一性、同神圣力量的同一性，你就会习惯性地鼓励、刺激、促进你的整个人的进步，这样一来，你的生活会逐渐改变，你会拥有自己的个性。你一定要牢记，真正的你其实是完美的，你是那个同真理在一起的人，你本性中、真实自我中的真理是不会有错的。

如果你一直保持着希望、健康、愉快的心态，很快，你的身体状况就会产生令人备受鼓舞的结果。你的习惯性思维，你的固定信仰，是你生活中最强大的力量。你的生活轨迹会跟随着你的思想、你的信仰。你要训练自己的潜意识去期待健康，期待你身体里所有器官一切功能正常。这条不容改变的法则往往会让我们心想事成。

医生们越来越意识到，病人的心态对治疗的影响作用。期待痊愈、相信自己能够重新获得健康对于平常的治疗有极大的帮助作用，因为你的思想让身体中的每一个细胞中都期待、坚信美好事物将会到来。另一方面，如果你总是在想，你再也不会好起来了，那么，你就是在为你身体里的细胞传递一种失望、郁闷预感和压抑感，这些感情对患病器官中的智慧细胞而言，是最可怕的压制物。

一个朋友的情况能够再好不过地对以上给出的陈述做出论证。这位朋友因腿部骨折住院，医生已经通知他，他脚已经出现了自然生长的坏疽，医生也无法确定它最终会变成什么情况。他们建议病人最好立刻从膝盖以下截肢，否则，可能会危及生命。他们甚至不敢肯定立刻施行手术是否能够挽救得了他。

在朋友的要求之下，我立刻赶往他所在的医院。在医院里，我发现他正被浓重的愁云惨淡的气氛包围着。马上实施手术的建议让他身体里所有的细胞都遭受着巨大的压力。

要治愈坏疽伤口看起来就像是死回生一般困难。

事实上，它的确意味着要让死亡的组织恢复生命，因为坏疽组织发展得十分迅速。但在基督科学的帮助之下，通过运用思想的力量，不断恶化的病情得到了阻止，细胞开始重新生长。所有令人沮丧的建议都被充满希望和自信、期待病愈的建议所取代，而这一切则对病情的好转、修复过程起到了很大的帮助作用。

在全新的状态之下，病人立刻就显示出明显的好转，身体中的细胞立刻就对有利于健康、痊愈的思想做出了的反应。数以百万的细胞开始塑造肌肉，数以百万的肌肉开始修复受损的组织。负责搭建神经的细胞开始搭建神经，皮肤细胞开始加工皮肤，正常的骨骼细胞开始取代破碎的骨骼，受到感染的脚又有了正常的脉搏。这一切都让外科医生大吃一惊，他说，坏疽已经连续好几天没有继续发展了。

正是这种神圣的精神帮助病人恢复了正常的状态。

整个情况已经被良好的势头所控制，事实证明，手术已经完全没有必要了，因此就没有实施。我的朋友从此后就完全康复了。

许多所谓的“不治之症”竟然会在有利于健康、身体康复的自我思想和他人建议下彻底痊愈，但如果医院、病房里到处充满绝望的气氛，护士和医生都是一脸焦虑，亲戚朋友都在你旁边哭泣，那么病人极易成为疾病的受害者。如果一个人的意识被催眠后，在头部架在一张椅子上，双脚架在另一张椅子上，身体悬空的情况下，也能够支撑六个人的重量；如果用催眠术告诉他，烧红的烙铁碰到了他的身体，他的皮肤就会出现水泡；如果用催眠术告诉他，他正在喝的是烈酒，那么，即使他喝的是水，也照样会酩酊大醉。那么我们不妨想一下，对于受过严重的、被认为有可能会致命的伤害，且正处于恢复中的病人而言，如果被告知没有任何希望了，必须要动大手术，且手术成功的希望也不大，那么，这一切会给他身体中的细胞带来什么样的影响！设想一下，医院里那种压抑的氛围会给敏感的病人带来什么样的感受，会给病人的身体细胞带来什么样的消极影响！

如果所有住在医院里和在家里休养的病人都能够被一种欢快、充满希望的氛围所包围，如果他们周围的每一个人都能够对他们微笑、鼓励他们；如果周围所有的提示物都是有助于康复的，而不是那些病房、手术台甚至是死亡，那该是多么美妙的一件事啊！

抱有希望还是带着绝望；期待病痛缓解还是感觉自己定然会失去一条腿甚至生命，两种态度会产生截然不同的情况。正是因为我的那位朋友用思想向他的身体细胞传达了一种竭力摆脱有害物质、帮助身体器官祛除坏疽感染，才会让情况逐渐好转。

我们是用整个身体在思考，而不是单单用大脑在思考。这一发现不仅有助于饱受疾病折磨的病人，而且对于精神治疗师来说，同样也是个巨大的帮助。以往，人们总认为，除了大脑细胞以外，其他的细胞都是没有智慧的，医生是在和没有生命的物质打交道。而现在，医生们都知道自己的工作对象是有智慧的生命细胞。病人也知道，身体里的细胞能够感觉到自己鼓励的思想、朝好的发面发展的建议，因此，也会做出积极的响应。他知道，如果他对生病的器官讲述一些健康的信息，智慧细胞就会同他发送的信息保持和谐一致。他也明白，健康最基本的原则就是要紧紧抓住一条思想，那就是上帝创造每一样东西都是有道理的，人的本质是神圣的，我们真正的自我是没有任何问题、没有任何不协调的，因此，我们不应该对身体内不同器官，比如肝脏、心脏、肺部、胃部等的各个细胞集团发出能够带来压力的信息。所以，医生不仅要给病人的每一个身体细胞发送欢快、健康、强壮、刺激、兴奋的信息，而且还要给他自己的身体细胞发送同样的信息。

你会对组成自己各个器官和组织的无数细胞说些什么呢？你会向它们预言健康、力量、效率、成功、幸福还是传递给它们一副象征着未来阴暗、黑暗的画面？你会向这些小小的细胞传达胜利还是失败的信息？你是否知道当你忧郁、泄气、沮丧之时，当你所想的、所谈论的、所做之事都和贫穷、缺乏、有限、失败相关之时，你知道自己在对细胞做些什么事情吗？

你向它们发送的是希望还是绝望、自信还是不自信会产生很大的差别，因为这相当于是你在预言自己的成功或失败、健康或疾病、幸福或悲惨。你用思想输入这些细胞的东西决定了你的健康、效率和你自己的命运。

正如训斥、责怪雇员能够带来最糟糕的结果一样，夸赞、鼓励雇员能够带来最佳的效果。我们的各种身体器官也是如此，他们不仅同大脑有密切的关系，而且彼此之间也关系密切。

举个例子，在承认细胞有智慧的前提下，如果我总是在咒骂、打击自己的胃部细胞，告诉每一个人它的工作是如何糟糕，那么，你还能指望它为你提供最好的服务吗？设想一下，如果一个商人竟然在自己的公司里四处巡察，不停地责备他人，说自己的雇员什么事都做不成，说他们工作开小差，脑子进水了，那么，他又能得到什么样的服务呢？我们十分清楚结果会是什么样。

我们也知道，器官细胞对我们的心态、情绪、态度的敏感程度绝不亚于雇主对雇员心态的敏感程度，它们会不停地受到不良消息的强烈影响。各种担忧、焦虑、刺激、精神压力都会对细胞产生伤害性的影响，损害和削弱我们的整个身体系统。对恐惧的想法十分敏感的人体器官不仅仅是肾脏，还有心脏。据说，当马儿被生气的主人训斥时，它的心脏跳动会迅速加快，狗也会有类似的反应，它的心脏极易受到情绪的影响，有时候，它甚至承受不了恐惧或突然之间惊吓的折磨。狗常常会因为失去挚爱的主人而悲伤过度，郁郁而终。

我们思想中的任何念头都会传递到我们的器官当中，并在器官当中也形成同样的概念，同时对我们的生命也会产生相应的影响。正如想着健康就能带来健康、想着成功就会带来成功一样，将整个身心状态调节到与成功同步，思考一些鼓励的、自信的、肯定的、有效的、首创的事情往往会加强人在这些方面的素质。也就是说，习惯性地顺着这些思路去想，就会让整个人体机能具有磁场般的引力，这些引力同我们的心态相一致，能够将我们渴望的事情吸引过来。

如果我们希望自己繁荣发达，我们就必须朝着这方面去想，让身体里的每一个细胞都充满财富、富足、成功的思想。如果我们想要幸福，我们也必须将这些思想传递给身体里的每一个细胞。换句话说，我们必须不停地向自己的细胞传递自己的心愿和欲望，我们必须在总体上保持这个心态。

许多人的错误思想和坏习惯让我们的生命细胞受损，所以他们已经长期习惯萎靡不振与较低的道德标准。

人类文明所面临的危险之一就是不正常的生活方式，尤其是大城市的生活方式。大城市中，有成千上万的男男女女，他们的不良饮食习惯，也就是暴饮暴食或饮食不规律，在饿极了的时候、心情忧虑的时候吃东西，在睡眠不足、缺乏休息或方松的情况下持续工作，睡眠不规律、晨昏颠倒。这些或其他一些不正常的习惯或状况常会导致消极的想法，以及在思想里产生一些不正常的念头，这些念头常常是沮丧的、邪恶的、犯罪性质的有时甚至是失去疯狂的。换言之，我们的大多数疾病、不幸、无能、失败都来自受损的生命细胞。

细胞的效率对于一个人能够产生统领全局的作用，他决定着一个人情形的好坏，所以我们不应该忽略任何能够让它们保持正常状况的东西。如果生命细胞完整，我们就不可能会生病，不论身体的任何部分出现了充血、炎症或疾病的倾向，能够应付这种倾向的最快速的方法就是用积极向上、振奋人心、神圣的想法去鼓励和刺激生命细胞。

或许你可能会认为，你的主观因素同自己身体的情况没有太大关系，你无法改变造物主赐予你的一切，不管你是好的还是坏的，你的遗传基因早已限定了你。然而，从现在的观念、从一个大的角度上来说，我们应该是创造自己命运的人，我们的身体是具体化了的思想。我们是自己心态、思想、信念、努力、欲望、的产物，谁生来都不应该是基因遗传的牺牲品。造物主在创造他的那一刻，已经在他的身体里潜入了一种最神圣的力量，如果他能够发展并利用这种力量的话，哪怕是最糟糕的遗传因素也能被他征服。他既能够让自己的身体集健康与和谐为一体，也能够让它满是疾病与失调。

心态能够让我们的身体器官表现出正常或非正常的功能，它可以确保我们的健康也可以招致疾病，心态可以让我们延年益寿，也可以缩短我们的寿命，我们可以限制或令自己的生命枯竭也可以让自己的生命更开阔、更美丽。

一直想着自己是青春的，你就会充满青春活力，让身体的每一个细胞都因你朝气蓬勃的思想而充满活力。而我们大多数人所想的都是年老以后的可能性、对老年的恐惧。我们惧怕衰老，害怕力量的减退，于是就把无助的、衰老的思想注入了生命细胞当中，那么，我们又如何能够指望它们表现出年轻的样子来呢?

如果你渴望自己能呈现出繁荣发达、精力旺盛、充满活力与生机的样子来，如果你希望自己能够表现得健康、茁壮、男子气概十足，那么就将这些思想输入到你的生命细胞当中吧。如果你想要有一个繁荣、和谐、美好的环境，你就必须将繁荣、和谐、美丽的思想注入到你的生命细胞中。

你可以尽情想象自己渴望梦想成真的事情，不要忘了，你身体里的每一个小小细胞具有和你大脑中相同的思想。就像清晨的露珠能够反映出一个小小的太阳一样，你身体中的每一个细胞都能够形成一幅画面，反映出你的思想和理念，并对你的性格特征带来一定的影响。

每天早晨在开始工作之前，花上几分钟时间，将你在白天期间想要表现出的状态——健康、年轻、高效、成功、发达、和谐、爱用思想输入你全身的细胞当中。如果这件事逐渐成为了你的日常习惯，你将会吃惊地发现，这对于你得到自己所希望的事情能起到多大的帮助作用。

要想得到健康，你就要去掉脑子里不健康的思想。只要你思想里有了结核、风湿或其他一些身体疾病的想法，你就再也没办法摆脱它了。你需要不停地想象自己想要实现的东西,如果你想要亲身体验这些东西，你就必须让生命细胞中充满健康和快乐的思想。

如果我们在生活中养成只去想正确的事情的习惯，如果我们只选择那些建设性的、创造性的、美好的东西去想，只去想真善美的、健康的、成功的、幸福的东西，而不是去想一些与之相反的东西，我们的生活将会有多么大的不同啊！正确的想法，欢快、充满希望、向上、善意的思想将会带给我们全新的生命细胞、希望细胞、欢乐细胞、青春细胞，而焦虑的想法，沮丧、悲观的想法，失败、疾病的想法亦将带给我们相应的结果。

如果我们意识到，上帝就存在于周围流动的空气中，我们每吸入一口空气的同时，也将上帝带入了自己的身体，我们的全部生命、全部精力就会充满无限神圣的力量，我们的生活就会按照上帝的计划一步步展开。如果我们认识到，我们身体中的每一个细胞都是神圣的，里面充满了健康、和谐、美丽，那么，我们通过体验，就会明白，到底什么才是真正的生活的力量。

Chapter 10
正确面对生活
Facing Life the Right Way

不够强大的志向、
希望以及灵魂深处不够坚定的努力，
都会从筛眼中无情地被过滤，
而架在上面的，
则是大块的、令人讨厌的问题。

最近，我一直在开导一位极具音乐天赋的年轻女士，她在经过了相当的斗争和牺牲之后，最终得出一个结论，她成功的希望十分渺茫。她的生活被家庭琐事层层包围，她说，她的家人实际上根本就不赞同她的志向，就算她再怎么渴望音乐的职业生涯也是无济于事的。所有她能期待的，也只能是用自己的天赋为朋友和自己带来一些小小的欢乐，她其实已经放弃了出现在公众面前的希望。

现在，这位年轻女士在不知不觉中已经失去了自己那颗进取心，那些一直在激励着她、给她以希望和动力的东西正在渐渐离开她的生命，是她自己主动放弃了这一切。她并没有带着期望，尽最大的努力去拼搏，从而最终胜出，相反，她主动向困难认输了。不顾一切阻挠，下定决心要赢的这种心态具有一种创造性的力量，它同虚弱、消极的，实际上也就是投降的心态之间有着巨大的差异。期待获胜，虽然胜利看似遥不可及，但它也是一个强大的精神支柱、是不断刺激我们努力的真正的强大动力。在生命的赛场上，希望和意志力才是最关键的因素。

克里斯琴·拉森说过，“对于你所期待的，要一直保持欲望，要表现得就像每一件期待中的事情很快就要实现一样。”你的期望能够打开或关闭你的供应之门。如果你很期待做出一些大事情，且愿意踏踏实实为之付出，它们自然就会来到你身边，你的努力也会随着你的期待相应地增加。如果你只是期待一些小事情，你就会整日里庸庸碌碌，你自然而然就不会全力以赴。两种截然相反的情况都适用于这条规则。

大多数失败之人都是在为失败作打算的人。还没等到失败来临，他们就早已心惊胆战，在脑子里想了无数次失败的场面。这种恐惧和他的想象会在很大程度上削弱了他的能力，浪费了他的许多精神力量，而这些力量若是得到了恰当的应用，定然会带给他成功。

希望和期待是一种积极的力量，它们会为实现目标创造有利条件，它们在很大程度上影响着我们的外貌和留给他人的印象。比如说，如果一个年轻人期待幸福未来，相信拥有一个自己的家的梦想会成真，不停地做着白日梦，不停地想象自己的事业获得成功，在家里同每一个挚爱的人愉快相处，那么，他的外貌和表情会同一个放弃了成功的期待，放弃拥有自己的家的希望，对自己失去了信心，用无助、悲观的态度面对生活的年轻人的外貌和表情截然不同。

奥利弗·温德尔·霍姆斯博士曾说过，最重要的事情不是你所处的位置，而是你所面对的方向。

换句话说，起到作用的并不是你所处的环境、你的起点，也并不是你走了多远，而是你在精神上所面对的方向。正是你的心态，也就是你在人生旅途中所表现出来的精神才是重要的事情。

一个人习惯性的心态、想法、动机、心情、希望和期待决定着一个人的人生过程；这一切也在潜移默化地影响着一个人的个性，同时也决定着一个人命运。如果这个理念能够深入到年轻人的思想当中，那么，它将会对一个人正确的思想、正确的生活、总体的进步产生多么强劲的推动力啊！

人类最大的失望之一，也就是让我们感到最为遗憾的一点，就是我们没能更快一点发迹,没能够更早一点达到我们的目的。我们无法理解，为何人生已过半，或者已过了一大半，我们似乎仍在年少时刚刚出发的地方徘徊，并没有在多大程度上接近目标。在这种情况下，大多数人的主要原因是因为我们就像那个前往希冀之地的犹太男孩一样，漫无目的地在怀疑、恐惧、错误思想、不良欲望、痛苦与沮丧的荒野里兜圈子，浪费了太多的时间。

如果这个犹太男孩能够直接走向他的目的地，他就不会花上四十年的时间在这个讨厌的荒野里去体会、去学习各种教训。如果我们能够按照神圣的法则去做每一件事，面对着最高的目标，我们将不会被迫在一个让人不痛快、无法实现梦想的荒野里漫无目的地游荡半生甚至终身。

我们只有面向着自己的目标，我们只有相信自己会最终胜出，才会在人生的旅途中不断前进。每当我们怀疑自己，每当我们觉得自己是个失败者，每当我们感到沮丧和忧伤时，每当我们被欺骗或不诚实、卑鄙、自私的时候，我们都偏离了自己的目标，偏离了幸福和成功的目标，转向了不幸福与失败的目标。

人们找不到工作的原因之一就是他们失望、悲观的心态。他们不停地讲述自己不幸运的故事，不停地抱怨社会不公平，所以他们才无法发达。但是他们全然没有意识到，他们的心态和观点比其他任何事情都能影响到自己的运气。他们不知道，如果他们总是在喋喋不休地抱怨自己的困难，总是想着失败的方向去看，总是在预测失败，那么，他们的生活也必然也会朝着那个方向发展。

大多数人表面上都是在为一件事努力，但是他们的心和精神却是在和这件事对着干，不停地表现出和自己意愿相反的行为。

对人类最有帮助的一件事情莫过于用正确的态度对待生活。如果我们从自己职业生涯的门槛处开始，就不停地踮起脚尖向前张望，那么，我们就一直能够朝着正确的方向、向着自己的目标前进，而不是不停地改变方向或后退、或重蹈覆辙，浪费时间。如果真能做到这一点，那么，我们在有生之间将会取得巨大的进步。

“失败不算罪过，但是没有目标就等于是犯罪。”真正的罪过是和自己的目标背道而驰，朝着错误的方向面对生活。失败是倒行逆施，是不坚持向着目标朝前走，不论这个目标对我们而言是远还是近。只有放弃、失去信心、后退才是真正的失败，一个精神上的失败的人才是真正的失败者。同精神失败相比，身体上的失败根本不算什么；失去住所、家人、朋友并不是真正的失败，因为这些事情有时完全不是我们所能控制的。失败是失去力量、丧失信心、失去自信，面向着错误的方向。失败意味着精神上的投降。拿破仑说过，他并不是击败了自己的老对手，而是彻底歼灭了他。如果一个人的希望还在，信心尚存，就绝不会被彻底击败。只要一个人满怀希望、信心和胜利的决心面对生活，他就不是一个失败者，如果他不背叛生活，他就不会被击败。

有人说，“一个人在迟疑中时，唯一安全的方向就是向前走，而不是向后退，这个时候，你只需要跟随着心中呼唤你的那道光，向着前方频频召唤你的手前进即可。”如果你能够听到灵魂深处上帝的召唤，它将一直带领着你朝着正确的方向前进。“鼓起自己的勇气，上帝会给你的心以力量，上帝将带给你一切希望。”

如果一个人期待最好的事情，他就会努力寻求、相信最好的事情，并为之拼搏，积累神奇的力量去吸引自己渴望的事情。

这条精神法则同样也可以应用到相反的方面。如果你总是相信、真的在想，你永远是穷的，那么，你永远也得不到周围许多人所拥有的东西，你所拥有的，就是你所吸引来的。你朝着自己的所怀疑的事物不断前进，这同你朝着自己所相信的事物前进是同样的道理。所以说，人总是朝着自己预料和期待的方向前进。

在这个世上，有无数为自己的发达、富裕而努力的人，但是，他们却一直在思想中想着自己的贫穷，因此，他们的努力打了折扣，他们的目标受到了打击。他们不仅从来都没有期待过好的事物，而且还十分肯定，他们永远也无法拥有它们，老天似乎并不想将这些赐予他。这样一来，他就切断了一切美好事物到达他的途径。

我不止一次听到一些妇女对她们渴望拥有的东西发出强烈的赞叹，但是，她们却认为，这些东西是属于别人的，不是属于她们的。她们会说，“哦，多漂亮的房子啊！多精美的家具啊！多好看的衣服啊！我多想能拥有这样的东西啊！但很明显这些都不属于我。命中注定它们是别人的。”

这些妇女并不知道，耐心地期待美好事物、坚持认为她们有权拥有着一切、坚持表达她们将会拥有这一切、这一切就是为她而准备的心态能够具有多么巨大的吸引和创造力。

对我们所渴望的事物保持期待与拥有的决心，这同眼红他人、嫉妒他人拥有那些我们完全不需要的东西根本上是两码事，有着本质上的差别。它只不过是宣称我们拥有神圣的力量、拥有与生俱来的权利，我们有必要分享来自上帝的馈赠而已。

我多么希望自己能够将这种思想注入那些重病者、丧失勇气者、焦虑不安者，总是为自己的健康和成功感到忧患重重的人啊。这个理念便是——我们所期待的和恐惧的最终都会来到我们身边，我们主要的恐惧会变成慢性恐惧，而这一切都会对我们个性的形成起到决定作用！

错误的精神，悲观厌世的世界观面，面对黑暗、沮丧、泄气的观点会扼杀信心，让努力大打折扣，所以，你永远不可以允许自己有任何萎靡不振、贫穷、次等、缺乏能力或可能失败的感觉，不能让自己有虚弱、生病的想法，也不能让任何你所不欲的东西逗留在自己脑海里。每当这些不好的念头出现之时，你就要改变思路，将它们驱赶得无影无踪。对于任何你想要的东西、你想要实现的志向、你正在努力去做成功的事情，你都要不停地抱有一种期待的态度。

我们要看到自己非凡的潜力、带着实现造物主安排给我们的辉煌人生的期待去生活，这便是正确的面对生活的态度。如果我们时刻牢记，有一种万能的力量、神圣的智慧主宰着这个宇宙，我们是这种力量的合作者，只要我们同他密切合作，我们就能够实现他早已为我们安排好的计划。如果你学会了绝对信任这种神圣的智慧，依赖这种无限的、支持宇宙万物的、引导你走向一个最终神圣目标的力量，那么，你所需的一切将变得应有尽有。这样一种心态会让我们战胜一切容易引发自卑的思想。

如果你总在考虑未来，喜欢做白日梦，那就做一个崇高、美丽的梦吧，不要做破烂寒酸、豪不值得的梦。我们到底会拥有一个怎样的梦想，其中金钱、奢侈、虚伪、自私自利的野心、巧取豪夺、贪婪的欲望起到了太大的影响作用。美好、真实、爱、友谊、心智上的愉快，也就是灵魂上的愉悦感，只有这些才是真正值得追求的事情，因为这些并不是转瞬即逝的、海市蜃楼般的东西，它能带给你一种长久的满足感。

这个世界最需要的是这样一种青年男女，他们有正确的思想、崇高的精神、为人类做贡献的志向、帮助世界朝着正确方向发展、促进提高生活水准的理想，而那些低级俗气的思想、自私贪婪的野心是永远也无法达到的。

人类最需要的，莫过于爱、友谊、同情和无私的帮助，它对于人类就像阳光一样重要，只有这些才能让生活变得有意义。

立志帮助别人会让一个人的生活更加高尚，而自私的野心，靠掠夺每一块钱积累财富，从未想过服务于别人的人，则是卑鄙无耻的、不配成为上帝之子的人。

基督耶稣对信徒们说过，“只要你在上帝的王国里寻找，你就会得到他的正义和正义之事”，其意思就是说，我们在寻求上帝或天堂（和谐）的王国之时，就已经让自己具备了让自己吸引一切美好的、有利于我们的事物的强大力量。而这一切——愉快、和平、满意、知足，则全部是我们真正需要的，也是值得的。他告诉我们，在寻求上帝王国，即和谐、美好王国之时，我们必须要遵守一个原则，也就是吸引力法则能够给我们带来造物主注定要让我们拥有的东西。所有我们需要的事情都将流向我们。

基督从来没有给过我们有违于因果关系神圣法则的生活信条，因果关系信条告诉我们，我们种瓜得瓜，种豆得豆。他并没有说，我们应该不劳而获，而是告诉我们，如果我们做正确的事情，如果我们正确面对生活，如果我们诚实正直、乐于助人、无私奉献，我们也会得到这样的回报。我们播种了什么，必然会收获什么。

我们常常会看到能力和机会相当的两个年轻人在生活的起跑线上同时出发，追求幸福与成功。其中一个人面朝着正确的方向，将自己的精力全部花在了公正诚实、正义、值得付出的职业上。他不仅自己按照内心的呼唤做出了正确的选择，而且还无私地为他人奉献，不论何时何地，随时愿意伸出援助之手。因此，他不仅收获了成功的果实，而且还得到了他人的爱戴。这一切都是他亲手播种的。

另外一个人则面朝着相反的方向行走——放纵、迎合自己的感官享受和邪恶的情欲、用生命和自己生命中宝贵的财富去做赌注，一直到最终到达监狱为止。他将自己的精力都花费在消极的、具有破坏力的事情上，而另一个年轻人则花费在了积极和具有建设性的事情上。而他们两个却在寻求同一件事情——幸福与成功。如此差异巨大的结果是由于他们从一开始就面对着不同的方向而导致。

《圣经》告诉我们，“丹尼尔（希伯来先知）的地位高于国王与王子，因为他身上具有一种卓越的精神，国王打算将他的整个王国交给他来掌管。”丹尼尔不仅受到大流士国王的爱戴和尊崇，而且还受到尼布甲尼撒国王、伯沙撒国王的推崇，因为他从出生到成年再到进入尼布甲尼撒王室，都一直朝着正确的方向，朝着勇气、真理、公正、正义的方向在前进。

这个世界上只有一件事情可能是错误的，那就是我们的心态。我们是上帝神圣计划中的干扰者，因为我们并不能总是以正确的方式面对生活，也就是不能以胜利者和成功者的姿态面对生活。不论环境多么不利、多么容易让人受到迫害，但是却没有人能够击败一个面对生活充满勇气和希望的人，正是这种优秀的精神让丹尼尔的地位高于国王和王子，并被委以管理国家的重任。

人类力量的神圣标志便是勇气和高度的自信。

他们对自己和自己的任务有坚定不移的信心，他们期待自己能成就大事，他们永远不会成为怀疑未来、质疑上帝神圣计划的结果的牺牲品，这样的牺牲品不具有人类的真正品质。

我们中大多数人的问题所在就是我们对自己的要求太低，连正常标准的一半尚有所不及。我们所做的决定也是软弱无力的，无非就是些不坚定的、糊里糊涂的决心，这些决心中缺乏活力、缺乏坚定的意志在里面。我们的脊背缺钙、血液里缺乏维他命，精神面貌中没有足够的希望、热情和期待。

不知你是否曾经想过，你无法快速发达的原因，就是因为你没有下定决心这样做，你并不指望自己能够发达，你并不相信自己能够做得到。不知你可否明白，你没有更多的活力，缺乏健壮的身体，很大程度上是因为你并不指望着一切，因为你一直在寻求其他一些东西。你并没有期待自己能够强壮健康。你总是在想，自己一定会患上某些疾病，你早已做好这辈子同疾病作斗争的思想准备了。

你们这些遭受失眠困扰的人们，可否意识到你们之所以会这样，是因为你们根本就不打算睡着，根本就不相信自己能够睡着。当你躺在床上时，心里在想，你今晚一定会睡不好，一定会失眠，这样一来，你就把这个信息发送给了你的另一个自我，你告诉自己，你无法得到充分的休息，让自己恢复旺盛的精力，你专门告诉自己的潜意识不要睡着，这样一来，你的潜意识就执行了它的命令。

你们这些朋友寥寥无几、不大受欢迎的人们，之所以会没有朋友或不合群，是因为你们根本就不打算拥有它们。你总认为人们不喜欢你，也不指望他们喜欢你。你不期待爱、赞同、欣赏，当然，你也不会将这些东西带给别人。所以你要牢记，别人对待你的态度，往往就是你对别人的态度。许多人感到不快乐，是因为他们从不期待快乐，相反，他们期待的是凄风苦雨。他们总是看到那些令他们不开心的事情，他们总想着自己将要碰到的不幸的事情——意外障碍、失败、失望、痛心、打击以及各种各样的损失。

这并不是面对生活、直面未来的正确方法。不论眼下的情况多么不利于你所期待的事情，我都应该朝着光明、振奋的一面去想，应该想着计划会获得成功。要想有所得，唯一的方法就是期待它的到来，用我们全部的智慧和精力为它努力，朝着目标奋斗。这才是在生活中有所收获的正确途径。

只要你改变了自己的生活观，你的生活就会随之而改变，因为你面对生活的方向发生了改变。如果我们真正意识到，面向着生活中阴暗的一面将会是怎样的一场劫难；如果我们深知，要朝着正确的方向前进、总是向着光明、成功、幸福进发，那么，我们就不会再过着这样廉价、狭隘、心力交瘁的生活了，我们与生俱来的圣洁注定了这一切将属于我们。

在这个世界上，能够以最大限度增加我们精力的，莫过于憧憬美好的未来，期待美好的事物将属于我们，这种期待与憧憬最适用于上帝之子。在这个世界上，最能够鼓舞人心的，莫过于相信我们能够以磊落的方式最后胜出，这种方式未必是金钱的堆积，而是一个人不间断的努力与付出；莫过于相信我们能够成功表达自己，相信能够以最大限度挖掘自己的潜力，相信我们能够塑造出丰富、崇高的品格，培养起良好的个性。换句话说，相信我们必定会完成上帝在创造我们之初就早已为我们做好的安排；相信我们不会将才能藏着不用，而是会不断充实它、扩大它、完善它；相信我们会用上帝赋予我们的品质做出最了不起的事情。

这种希望与期待的哲学，也就是期待健康、期待成功与幸福、严格要求自己的理念所带给我们的潜在可能性是无法估量的。如果你能够以一种神圣乐观的精神去面对生活，那么，当你建造自己的梦中城堡之时，你也会将这种精神一道砌进去。你会充满期待，这种期待会令你成为一个磁场，将一切美好的、真实的东西，将一切有帮助的、无私的东西、将一切能够形成崇高思想和品格的东西吸引到你身边来。你将在生活中胜出，你将会在生活中唯一的一条有价值的道路上成功地走下去，这是一条上帝指引给你的道路。

Chapter 11 你的大脑效率

Have You an Efficient Brain?

作为一个有雄心壮志的成功人士，
首当其冲要做的事情之一，
就是要对自己的精神资产做出正确的评估，
去找出自己的弱点和强项，
知道自己哪里需要抑制和约束，
哪里需要加强和鼓励。

威廉·詹姆斯教授曾说过，到目前为止，大部分人的大脑中未被使用或被错误使用的部分要远大于得到了正确和高效使用的部分。

有成千上万的人，只利用了大脑潜力的百分之二十五，就几乎做成了他们想做的事情。如果接受训练后，将大脑的潜能开发利用到百分之七十五甚至是百分之百，那么，对于那些不成功的人来说，这个世上还有什么是他们做不到的呢？

效率高的大脑是令其官能得到全部发挥的大脑，让整个大脑思维表现得就像是一台经过精心调试的机器一样灵活，大脑的每一个部分都微调到了最精确的程度，相互之间尽可能地协调配合，发挥最大的功效。如果大脑中某个部分的功能出现了问题，无法同大脑的其他部分协调一致，那么一个人的思想就会变得混乱或失去力量，这种情况下，人就会成为大脑机能失调的牺牲品。不论一个人在其他方面多么优秀出色，只要他有一方面有缺陷或者欠发展，那么，这种缺陷也足以毁掉他的整个事业。

莎士比亚笔下的哈姆雷特留给了人们难以磨灭的印象，这个角色就是这方面的最好佐证。哈姆雷特的故事是一个最大的悲剧。作为丹麦国王之子，他继承王位，且拥有一个异常聪明的大脑，受过良好教育。他毕业于最好的大学，文科理科成绩都很优秀，这些是一个将要继承王位的人所必须具备的东西。他具有显著的天赋与优雅，再加上他在其他方面的成就，这一切加起来足以上他成为一个完美的男人。简而言之，这位年轻的王子不仅仅会是一位强大的国王，而且还会是一位伟人。然而，就因为他有一个弱点，有一个部分没有得到很好的发展，最终导致了这位具有辉煌前途的年轻人惨遭失败，命丧黄泉。

他的父亲被他的叔叔谋杀，是哈姆雷特所处时代将为父亲报仇这一道德准则强加到了他的头上，但是，他在完成自己这项职责的时候，总是那么的踌躇、犹豫、一会儿这样，一会儿那样，不断地改变主意。最终，由于他优柔寡断的致命弱点，导致了最后送命的除了他有罪的叔叔外，还有其他四个人以及他自己。

如果这位不幸的哈姆雷特王子接受过现代心理学的培训，他一定会有一番辉煌的事业，但是，他欠缺杀伐决断的才能，缺乏自信，最终铸就了一场悲剧。

今天的失败大军中，有无数类似于哈姆雷特的人。这种人若不是因为大脑或性格的某一部分恰巧有所欠缺的话，他们或许早已在生活中取得了显著的成就。如果他们的父母或老师帮助他们克服改正了自己的缺陷，或者等到他们稍微大一些后，自己知道了该如何加强自己的弱项，不再让它妨碍到自己，如何注意强化大脑中有缺陷的部分，那么，他们的大脑可能会发展得更为均衡，那么，他们今天的事业将会有多么大的不同啊！

棒球队中只要有一个队员技术不过关，就可能会导致整个球队的失利，那么，如果这个球队输了，最后输掉的不仅仅是这个队员本身，还有全队的成员。那么，同样的道理也可以应用的生活的赛场上。如果负责精神的这个团队没有达到标准，那么，他/她就算是不会彻底失败，也会碰到很大的问题。

或许你受过很好的教育，在其他许多方面都十分的优秀出色，但只要你的大脑中存在某些弱点，某些致命缺点，比如胆小、自己瞧不起自己，如果你无法百分百去相信自己，如果你缺乏勇气，如果你过度谨慎，如果你总是处处设防，防范之心已经大大超过了思想中其他内容，那么，最终的结果就是你永远也不敢去冒任何风险，永远也不敢朝着任何不确定的方向跨出一步，那么，你就永远也无法获得大的成就。如果你无法更正自己的缺陷，加强自己虚弱的环节，那么，你极有可能会一败涂地。

作为一个有雄心壮志的成功人士，首当其冲要做的事情之一，就是要对自己的精神资产做出正确的评估，去找出自己的弱点和强项，知道自己哪里需要抑制和约束，哪里需要加强和鼓励。

要做到这一点，办法之一就是想象自己正在出席一次大会，这种会议每隔一段时间就要举行一次，会议的成员是全体心理因素，会议的目的是为了自己的全面发展着想。不要总是满足于哪些表现良好的精神层面，召开这样的会议，主要的目的是要发现问题所在，你的大脑究竟是在哪个部分存在缺陷。

意志力应该被推选为会议的主席，作用是保持会议的秩序。它能够确保会议朝着既定的目标进行，让精神家族中的每一个成员依次对自己的情况给出说明，并就如何能为团队更好地工作提出建议。

第一个发表意见的是自信，真不愧是自信，他毫不犹豫，大大方方地开始了自己的发言。

他说，“就我个人看来，我认为自己丝毫没有虚弱的迹象。我之所以能够比其他团队成员做得更好，主要原因就是我对自己十分自信，我不会受到怀疑和不确定因素的干扰，我能看清楚自己的目标和道路，路上碰到的困难也休想吓倒我。我一直能让自己保持最好的状态，是因为我不会浪费自己的精力去担忧，去焦虑。我也并不害怕失败的想法，因为我对自己充满信心。怀疑、恐惧、担心、焦虑这些东西总徘徊在我其他兄弟姐妹的门前，将他们折磨得筋疲力尽，对他们的志向进行千般阻挠，然而我却从来不知它们为何物。我可以毫不夸张地说，就连勇气也得依靠我，或者说得更确切一些，我们两个是相辅相成的。一个人若没有了勇气便失去了我，反之亦然。正因为如此，如果我退出，那么整个团队就会处在垮掉的危险当中。”

胆小，她的另外一个名字叫做“自我贬低”。她是第二个被要求起来讲话的。她是如此的虚弱，如此的怯懦，几乎是在别人的帮助下站起来的。她用微弱、颤抖、小得几乎听不见的声音开始为自己找借口，而她说的话，他的兄弟姐妹们几乎都不太在意。

她壮着胆子，哆哆嗦嗦地说：“我怀着极大的兴趣听了自信的讲话，我觉得他一直在沿着一条波澜壮阔的道路前进，他所做的事情是我宁愿死也不敢去尝试的。我不可能进入董事会，也不敢在公共集会上作演说，不敢担任重要的职位，更不敢承担繁重的任务，然而他敢，即便是将整个团队的利益都压在上面他也毫不退缩。当然，他也并不像我这样脸皮薄、敏感，冷遇挫败、讥讽嘲弄不会伤到他，也不会让他难过上好几天或好几个星期。我想我就是他所说的那个弱势的妹妹，因为如果突然有什么指责落到我肩上，我会感到十分的不舒服，我总想找人靠一靠，因为我一个人根本就站不稳。我无法想象团队中其他成员那样把工作做得有条不紊，最主要的原因之一，是因为我总是心存恐惧和焦虑之感，无法像他们那样很好地展现自己。至于把我放到一个众人瞩目、显著的位置上，这对我来说简直无法想象，因为我喜欢躲在幕后，在人们的视线以外。我永远也不可能成为他们所谓的'八面玲珑'之人，因为当我处在人群当中时，我就会感到十分的不自在。至于社交活动，是我所无法忍受的、会让我感到头疼的事情。这就是我要说的。”

就在胆小讲述自己的时候，勇气就早已按捺不住自己了，有好几次他几乎就要插话了。所以，当会议的主持刚一叫到他，他就立刻跳了起来，开始了他滔滔不绝的慷慨陈词。

他的讲话简直就像机关枪一样：“我必须说明，我实在是没耐心听我们这位胆小妹妹所讲的懦弱之词。听她这么一说，我们至少明白了我们的团队作为一个整体，为何会薄弱、效率不高的其中一个原因。实际上，能力较强的团队成员所做的工作都被那些不称职的成员拖了后腿。对于我自己，不是我夸海口，我绝对是整个精神团队中最重要的一个因素。没有了我，你们剩下的这些成员恐怕也做不出什么大事情来，所以你们必须承认，我是这个团队每一项成就的领头人。如果我垂头丧气，或失去斗志，你们中还有哪个能够继续前进呢？你们都知道，如果没有我，你们便什么也做不成。如果没有了我，即使是我们尊贵的意志力会议主席和我们的自信大哥也会瘫软无力。如果我无法达到某个标准，我们的整个团队就会止步不前。打个比方,如果我们总是采纳谨慎大哥的意见,那么我们的队伍恐怕哪里都去不了。他总是去想一些意外障碍，打出些危险信号来，总是担心我们会碰壁。然而，我却信奉冒险、勇往直前、披荆斩棘。就算我不时地犯错误，但是，敢于去做总是强于一直束手束脚，生怕脚下的地面会塌陷一般踯躅不前。最后获胜的，正是那种敢于冒险的进取精神。我们这个队伍中若不是因为有了自尊、坚定、大胆和我自己，以及团队中其他几位比较大胆的成员，我们永远也不可能会有任何成就。是我们让事情不断向前发展,而其他成员则总是在拖后腿,站在原地迟疑，害怕冒险。我们希望这个团队中的某些队员能够稍微再振作一些。”

会议上接下来一个发言的是谨慎。只见他带着自己特有的镇静与从容缓缓地从座位上站起，然后说了下面一番话：

“我们受人尊重的勇气大哥总是喜欢将团队中的一些弱点和失败怪罪到我的头上。虽然我们都钦佩勇气的勇往直前与活力,他的乐观自信,以及作为一个合作团队成员，他具有的巨大价值，但是，他对自己过高的评估恕我不敢苟同。如果没有了我的建议和约束，他随时有可能会毁了我们整个团队。我并不喜欢自夸或过分强调自己的重要性，但是每当想到有什么大灾难突然降临到我们头上，我就会感到不寒而栗。我可以毫不自傲地说，我是整个精神团队中的平衡摆轮。生活中，若不是我不定地在有岩石、暗礁和浅滩的地方发出危险的信号，我们就难逃危险境地。我知道，勇气、进取、精力、志向和所有勇往直前的成员们都认为我是一个老古董，太过保守，无法融入现代的、紧跟潮流的形式中去。但是他们却没有意识到，如果没有我不停地警告‘减速’、‘小心’、‘危险’、‘有岩石’、‘前方有巨浪’，他们将永远也无法到达目的地。设想一下，万一我让勇气、热情或好斗来掌舵，会发生什么样的事情呢？用不了多久，我们就会触礁或搁浅，那又何必呢？”

好斗几乎无法控制自己的情绪，还没等谨慎坐下来，他就迫不及待地开口了。

“我不同意谨慎做出的评论。”他几乎是愤愤不平地说，“我认为做事情不应该拖拖拉拉、瞻前顾后、简简单单，任何事情都不可能一帆风顺，没有一点风险。我认为人活着要有胆量，要有精神，就算这些会时不时地带给你一些麻烦。从根本上来讲，我是一个斗士，不愿意总是受到约束。让整个团队活跃起来、让我们都保持饱满的精神状态，让生活更有乐趣，是非常必要的一件事。我们这个团队最大的问题是有一半的成员都处于沉睡状态，我们不但没有紧跟潮流，还过得死气沉沉，我们也不够主动进取。我认为不必对每件事情都说‘是的’或‘阿门’。我所信奉的是批评、自由表达我的观点、有勇气，就算冒失一点也没关系。最重要的是，我认为我应该为自己的权利而斗争。事实上，推动事物前进的，正是一个人非同寻常的沉着再加上一些粗率、一些冒失、一些莽撞等这些品质。”

好斗讲完之后，友好站起身来，做了一番评述。

只听他平静地说道：“我认为我们的好斗大哥不大守纪律，很遗憾，我实在是无法同意他所表达的观点。他所说的让事情一直保持高调又有什么用处呢？如果我们回顾一下去年所发生的事情，就会发现一整年中的大部分时间里，好斗在大多数时间一直处于麻烦当中。当我们真正需要和谐、和平之时，总是他在那里挑起一些冲突。如果总是处在摩拳擦掌、吹毛求疵、嗜斗的状态下，恐怕谁都别想把事情做好。如果我们总是喜欢斗争而不是工作，那么，我们就会时刻处于战争当中。我们将永远也无法培养更优秀的美德、更值得人去爱戴的品质，我们也无法做到高效率，因为只有和谐才会产生效率。我还要提醒大家，和谐是一个创造者而不协调则是一个失败者。不论是在哪里，一个敏感、好生气、总处于备战状态、总是在怀疑、总是喜欢出击的人不会有任何成就。在这个世界上，只有讨人喜欢、善于调解、循循善诱的人才能摘得最甜美的果实，平和文雅的风度、得体的礼仪、有意取悦别人的人最终获胜，而的大吵大闹、寻衅滋事之人将会失败。”

一个章节篇幅很有限，不可能将每个成员所说的话都罗列出来，要真的都写出来，恐怕要一整本书才行。

这里的主要目的就是要表明，如果大脑思维中所有的因素没有得到恰当的发展，没能为了整个团队的利益团结起来，那么，在精神王国最终会产生什么样的混乱或无政府状态。

为了更好地清点你的精神资产，你应该将所有的成员列在一个名单上，也就是说志向、勇气、自信、谨慎、热情、希望、友善、开朗、好斗、自尊等等，然后仔细地分析能够表明你团队工作情况的各种迹象，查看一下他们是处在和谐状态之下，还是矛盾重重之中。你或许能够发现，你也像大部分人那样，大脑的一些方面过于发达，而另一些方面则欠缺发展。

每个人类所追求的最高目标，就是能够彻底将上帝赋予自己的潜在的能力展示出来。为了达到这一目的，不论是身体上还是精神上再或者是道德上的每一个成员、每一项官能，都必须各司其职，发挥团队精神，朝着唯一的共同目标——作为一个整体获得最大的成功而进发。任何以自我为中心，不顾其他成员的利益极力表现自己的野心都有害于团队最终想要的目标。也就是说，如果任何一个精神因素企图主导某件事情，或者独当一面，他必然会毁掉整个团队。

假设你在做自我检查时，发现谨慎有点发展过头，并且已经影响到了其他的成员，你就必须要对他加以控制和约束，纠正这种趋势，否则，他会令你的整个事业毁于一旦。如果一个人过着平庸、碌碌无为的生活，那么相对而言，过分的谨慎要比其他的性格缺陷更应该对此负很大的责任。我认识许多过度谨慎的人。他们中有一些人具有卓著的能力，但他们在步入中年之时却仍然在别人的手下工作，收入也相对较少。他们或许也有自己的独立的事业，但是却从来不敢靠自己的力量将其进一步扩展。他们觉得风险似乎太大，他们不敢抓住机遇，即便是成功的可能性很大。他们过分的谨慎制约了自己更优秀的能力，让它们难以发展。

所以说，谨慎注定就是整个团队中的勒马缰绳，但是，如果这根缰绳勒得太紧，那么，他就会影响到整个团队的前进，无法到达既定的目的地。它应该是一根让马儿跑得更稳健的缰绳，而不是妨碍它在比赛中获胜的缰绳。跑的最快的马儿或许会因为缰绳的缘故输掉比赛，所以一个聪明的赛马者应该能够十分到位地把握缰绳，既不能太紧也不能太松。具有均衡的谨慎心理的赛马者才是真正聪明的骑士。

如果你将分析谨慎的方式同样应用到对其他的精神层面的分析中，你就会发现你的精神团队问题到底出在哪里，你就能纠正那些阻碍你、让你无法前进的缺陷，或许你就能竭尽全力向前跨上一大步。

比如说，你在效率方面表现的如何呢？效率在很大程度上取决于自信，而其他一些心理因素，比方说志向和热情相对而言就较为独立一些。或许你的志向占了百分之九十，或许你对取得进步有巨大的激情和狂热，以及不可抗拒的欲望，但是，你却缺乏意志力。或许你投入了百分百的勤奋、坚持、专注和精力，然而却仍然没能达到自己理想中的成功，原因就在于你过分胆小，它会在你跃跃欲试的时刻拖住你，让你无法有所突破。沿着这个思路往下走，根据自己的强项和弱项评估自己，你会为自己的发现而感动吃惊，你会更加清楚地认识到自己的性格特征，你会比以往任何时候都清楚地看到，你的成功与失败全部都掌握在你自己的手中。如果你对自己精神世界中的每一位成员都了如指掌了，如果你根据他们中每一个的优势和弱势来画一个图表，那么，你就可以根据自己的需求刻意地加强这一个或控制那一个，一切决定权都在你手里。真正全面、均衡的成功只需努力做好一件事——按照正确的方式，踏踏实实地从体力与脑力两方面打造自己。

大多数人所面临的最大的问题就是我们对自己太过放松了。我们并没有打起精神来好好工作，而是宠着我们自己，同情自己，总是为我们没有成功寻找这样或那样的借口。我们总是责怪不该责怪的，而应该责怪的却没有责怪。我们不愿承认“自己不善于发挥，我们是自己弱点的走卒”，坚强起来，战胜弱点对我们而言是一件困难而且麻烦的事情。对于我们这些世俗之辈而言，循着自己思想中强势的方面做事情要容易得多，也更容易让人产生满足感。我们个性特点中的强项带给我们骄傲自豪的感觉，因此我们无形中进一步加强了这一方面，而忽略了其他方面。

如果你对自己不诚实，如果你胸无大志，没有足够的精力和意志力来改正自己的错误、来战胜自己薄弱的意志力、让自己不再走下坡路或过着毫无价值的生活，那么一切后果必然要你自己来承担。你是整个精神团队的总指挥，你训练各种个人才能的方式、以及你掌管控制它们的方式决定了你在生活的赛场上究竟是一名胜利者还是一个失败者。

Chapter 12
将问题埋藏起来
Camouflaging Our Troubles

力量源于振奋中，
希望寓于饱满的工作热情里。
而沮丧则驱散灵感，
让人一蹶不振。

一战期间，法国人民让我们认识了一个新词汇，这个词在当时非常流行，很快就家喻户晓了，这个词就是“伪装”。

如果法国人想要将大炮、鱼雷、坦克、机关枪，以及任何用于战争的杀伤性武器藏匿起来，或者不想被敌人的雷达探测器观察到，他们就会在上面覆盖一层树叶或其他一些看起来无关紧要的东西，给敌人造成一种正好相反的假象。

有的人也用同样的方法将自己的问题隐藏起来。

在战争初期，虽然经济已经开始出现了萧条的信号，一场普遍的危机已初露端倪，人们的恐慌情绪也在不断增加，然而，我的一个朋友，就在他的业务受到了严重影响的情况下，却从来没有阴沉着脸，从来没有失去过振奋与信心。每当我问起他，事情的进展如何时，他就会回答，“哦，好极了，每件事情都很顺利。当然我们的业务是大不如从前，但是，我们这里再穷的人也远远强过战区那些可怜的人们，我们应该为自己的满腹牢骚而感到羞愧。每天我都为自己能够活着，我还拥有我的家庭、我的住房，这一切都安然无恙而感到庆幸。”

在我认识他的这么多年来，我从未听他对任何事情咕哝或抱怨过一声，就算是对大家最喜欢挂在嘴边的天气也如此。不论天气多么糟糕，他都能找到好的一面，如果是下雪天，他会认为有益于土壤；如果是下雨天，他会认为草地和庄稼需要雨水，雨水清洗着街道，让空气更为清新。

如果你遇到他，无论他多么忙碌，也会停下来，抓着你的手对你说，“很高兴见到你”。他的语气是那么的热情友好，你能够通过他的话感觉到他的心。有时，我会在早晨的火车上碰到他，他的笑容能够让我在一整天里保持愉快的心情。每一天，他都能看到希望和机会，他阳光、乐观的态度散发着亲切与活力，令他无论走到哪里都十分受欢迎。

我还认识另外一个人，我们也经常碰面，然而，他们两个人的性格却截然相反。前几天，我刚碰到他，我问他说，“布兰克先生，生意怎么样啊？”他回答道，“唉，糟糕透顶。业务死气沉沉，看样子是不行了，没事情可做了，情况一天不如一天，我唯一能做的事情就是关掉一个工厂，而且其他工厂的情况也随时有可能出现告急。我做了一辈子生意，从来没碰到过这种事情，劳资纠纷把整个美国搞得乌烟瘴气，真是太糟糕，太糟糕了！”

布兰克先生总是在喋喋不休，天气似乎也总是和他对着干，时间似乎也总是脱节，他总是讲述一些运气不好的赔钱生意，他永远处在麻烦当中。如果生意没有每况愈下（通常他的生意总是一天不如一天），那么，他的家庭生活就会出现问题。他的儿子没有多大出息，他担心女儿会糊里糊涂嫁人，总之，不是这里不对就是那里有问题。

从经济方面来看，这两个人没有太大差别，但是，如果说到幸福和生活中大多数的快乐事情之时，一个便成为了破产的人，而另一个则是百万富翁。区别就在于他们两个人的心态不同，也就是对待自己的问题与困惑的态度不同。

第一个人采取了一种将问题掩藏起来的态度，他对待每一个困难，每一件恼人的事情就好像牡蛎对待落入自己壳内的沙粒一样，既然无法驱除，倒不如努力把它变得让自己能够适应，于是，沙粒变成了珍珠，是它将沙砾变成了一颗美丽的珠宝。这个人不仅能够在有麻烦的情况之下快乐的生活，而且还将麻烦变成了优势，因为他从中不断吸取到了教训，获得了力量，美化了自己的人格。

困难对待我们每个人都是一样的，对他也不例外。每当困难找到他时，他就会说，“就像我们曾经摆脱其他更大的困境一样，我们一定会走出这个局面。事情不会总是那么糟糕，不管怎样，我们应该感谢的东西总是比应该抱怨的东西要多，眼睛只盯着事情不好的一面，而忽略了事情好的一面，这其实并不是件很好事情。”如果出现了经济或经营方面的问题，他会满怀希望地说，“只要我们能吃饱穿暖，有一个舒适的地方睡觉，那么，少赚一点钱又有什么关系呢？多余的东西我们其实并不需要。健康以及能够有机会尽自己最大的努力要比金钱更有意义。我们应该为生活在一片自由和充满机会的土地上而心怀感激。”

布兰克先生也有许多应该感到高兴的事情。他有一个美丽而迷人的妻子，孩子们个个都聪明漂亮，还有一个理想的家。他并不是百万富翁，但也十分的富足，而且他的健康状况也很好。然而，他却从来没有真正感到过快乐和满足。每当遇到严重挫折时，他就会全盘崩溃。每当他碰到令他感到失望的事情时，或者是碰上什么棘手事情时，他就会十分的沮丧和难过，不了解他的人会以为他失去了一切。如果他的生意上有点不顺利，如果他失去了一个原本应该属于他的订单，如果他信任的雇员离开他或者将要离开，他都会感到十分难过，这种难过一直要持续到事情再度好转为止。实际上，只要他的生活或者生意上出现了哪怕一点点问题或不协调，他的日子就会很不舒坦。哪怕天空中有那么一小片云，他也会觉得生活不快乐。

如果这个人能够不时地坐下来，尤其是当他为一些出了问题的鸡毛蒜皮之事大惊小怪时，如果这个时候他能够想一想生活中美好的事情，如果他不再报怨自己的运气，努力地用感激的心情去想想自己的妻子，自己的孩子，自己幸福快乐的家庭，自己良好的健康，那么，他眼中偶然出现的那片遮住了阳光的乌云很快也就会消失。但是，在他眼里似乎只有乌云，他永远看不到乌云后面还有浩渺的宇宙。他生活中的阳光就被一小片乌云全部封锁了，这个时候，他感觉四周一片黑暗，一片阴沉，充满失望。

凡是沦为自己情绪的牺牲品的人，凡是被或大或小的、发生在自己身上的不幸所击败的人，凡是经不起失望、失败、损失影响的人，凡是无法承受生活中的考验和磨难、痛苦和打击的人，也就是说无法战胜这些事情，反而被这些事情战胜的人，永远也不可能成为创造历史的人。他不是那种在困难或关键时刻，能够委以重任的人，他不会是一个受欢迎的人，一个足智多谋的人，一个有强大精神力量与思想力量的人。

佛家曰：普天之下，唯能舍者，方成大器。

字典中对“舍”一词的标准解释是——“思想和情绪保持平稳，精神上保持镇静，尤其是当一个人身处考验时刻仍然能够镇静自若，稳如泰山，正所谓具有处事不惊的风范。”

你是否已经完全悟到在各种情形之下处惊不乱的真谛所在？你日常生活中所面对的各种压力给你的发展带来了什么？你能否驾驭多得数不清的烦恼和困扰的体会，很好地控制失望情绪以及不断出现在你生活道路上的烦心琐事？你是否能够超越这一切，将它们仅仅看作是日常生活中的过眼云烟，还是在它们的影响之下感到心酸痛苦？

在遇到不幸时候，你是否会萎靡不振失去信心，还是能够坦然豁达地去面对？在突发状况面前，或者当你突然和风险面对面时，你会不知所措呢，还是会镇定自若，保持应有的姿态与平衡，根据自己的判断力，没有丝毫的手忙脚乱，冷静地对付眼下的情形？

能够有一个平和、良好的心态，能够处惊不乱、沉着自如地迎接大大小小的考验是一个人最大的成就。它意味着自控、意味着一个人性格中具有在逆境中取胜的稳健与力量。一个平衡、沉着的灵魂永远不可能成为恐惧、担忧、焦虑的牺牲品，它并不受情欲的控制也不会受制于心情或情绪。他不会因一些凡人的琐事而消沉痛苦，更不会让这种情绪影响到自己的工作，让自己的心态失去平衡，他并不像有些人那样，周围的环境只要有一点风吹草动，就会大发感慨。能够把握自己的人就是能够把握命运的人，这样的人早已经为自己的生活设定好了航程，他的手永远也不会离开船舵，风暴、大雾、飓风、冰山、看不见的危险、难以预料的事故，不论航程中会发生什么，他都做好了充分的准备。他十分清楚，在人生的航程中面对危机的时刻，他最需要的就是清晰的思路与冷静的头脑，也正是这种意识才使他能够保持冷静与沉重。他明白，要尽最大的努力靠自己的力量过好每一天，从不犹豫，永不退缩。他知道，虽然有的时候他可能会被迫偏离航线，但他永远不会迷失方向，很快又会回到真正的航线上来，坚定不移地驶向最终的目标。

至于何时到达，如何到达，他并不关心，因为没有哪个人的未来是能够百分之百确定的。

上帝总是不断给人以新的开端、新的自我认识、新的机会，但是却从不让人们看到最终的结果。

能够肯定自己的最终结果对一个人的力量与自信并没有太大的帮助，相反，它会让人变得淡漠与薄弱。一个人的沉着自信并非来自外部的肯定与保证，而是在不断努力做到最好，实现自己看不到的最高理想的过程中，不断培养起来的内在力量和自控能力。

如果我们能够摆脱焦虑、烦恼、各种干扰，以及日复一日令我们感到厌恶、恼怒的事情，如果我们也能够摆脱那些大大小小的、令我们的志向备受打击的事情，比如说失败、失望、痛心、愚蠢的错误、倒退等总是令我们犯错、消沉的因素，那么，我们大多数人都会认为自己能够做出一番事业来。然而，能够说明我们究竟能有多大能耐的真正考验，是要看我们是否有做得更好的主观意愿，是否能够克服各种明显的阻挠，出色地完成自己的生命计划，是否能够战胜那些不断困扰一个人志向的不良因素。

你是否会放弃，会无精打采地无所事事，或者哭哭啼啼，整天拉长着脸，让所有人都觉得，你的生活中一定是天塌下来了；你是否会摆出一副投降者的架势，让周围的每个人都知道你失败了，由于种种原因，你未能完成自己计划中的事情，这些事情阻挠了你、打破了你的平衡、严重影响到了你的效率；你是否允许自己无法适应各种麻烦和考验，以及任何事业当中都不可避免的小小的烦恼与挫折，从而失去斗志？你是否允许失望、失败和焦虑就此耗尽你的活力，让你无法实现自己最大的价值？你是否会成为麻烦和考验的牺牲品？你是否愿意承认自己是一个弱者，一个在思想上缺乏力度与深度的人，承认你神圣的力量十分有限，总是被你原本需要战胜的事情所战胜。

如果你希望自己在最大限度上创造生活，那么，你趁早就得学会接受痛苦与压力，不论这种压力与痛苦多么令人不愉快。你不但要接受，而且还要面带微笑而不是皱着眉头去接受。换句话说，你必须具备平和心态所必需的优雅、力量与安全感。

最好的汽车都具有一种被称为减震器的东西，人们制造减震器就是要通过它的气垫来缓冲高速运动可能会引发的剧烈冲击和震荡，以便保护车内的驾驶人员。减震器能够让驾驶员在道路颠簸或路障重重的情况下感觉更平稳舒适。

这个例子能够很好地解释平和的心态对你所起到的作用。它对于我们每个人来说都很重要，因为它决定着我们在生命的旅途中，是经不住颠簸而散架呢，还是我们在精神缓冲器的保护之下，就算行驶在乱石山岗之上，也会有如履平地般的感觉。沉着自信、心态平衡都属于这类缓冲器。

当爱默生在康科德的家庭图书馆被一把火烧毁之时，他的好朋友路易莎·奥尔科特急忙前来探望他，并对他失去了自己最珍贵的财产——

书籍而深表同情，然而她却发现他沉着而镇静地看着火焰吞噬了他的无价之宝，许多的书卷上面都有世界上最伟大的作家的亲笔签名。虽然这种损失必定令他心如刀割，但是他仍然表现得如同坐在图书馆里读书一样冷静。他甚至能够找出一些理由来欣赏这场火。

他对自己这位富有同情心的朋友说道，“别担心，路易莎，你看火焰多美啊，我们应该欣赏一下才对。”

奥尔科特小姐说，她永远也忘不掉那一课，从此以后她学会了在如何在失望和损失当中寻找美丽和有帮助的东西。

无论处在多么大的起起落落中，一颗平静的灵魂都会坦然接受，保持稳健与平和，绝不会动摇自己的信念。

几年前，当爱迪生位于新泽西州西奥兰治的价值七百万美元的工厂被烧成瓦砾之时，他几乎失去了一切，但他向世人展示了一个男人是如何输得起自己一生奋斗得来的成果的。他没有一句抱怨遗憾之词，就在六十七岁的时候又重头来过。

当记者们亲眼目睹大火将工厂毁于一旦时，爱迪生对他们说：“小伙子们，现在我的确是全完了。但我会从明天起重新开始，我会立刻重新开始建起一座工厂，这只是暂时的挫折，我们只需要接受教训即可。”他还饶有兴致地引用了基普林的一首名诗《若》——

若你已成就斐然，
仍敢于将毕生心血孤注一掷，
输掉一切，然后从头再来，
而面对损失，你一言不发。

那么，这个世界和世界上的一切，

都是你的。

孩子啊，更为重要的是，

你将成为一个真正的男子汉。

如果这世上的每一个普通人在面对考验与损失的时候，都能够像爱默生和爱迪生那般坦然，他们一定会比现在更快乐、更成功。他们定然不会徒劳地将力量和精力浪费在毫无用处的担忧与焦虑中，也不会让自己原本旺盛的，能做成好多事情的精力流失在各种各样百害而无一利的事情上，比如说生气、发脾气。

举个例子，那些因为鸡毛蒜皮的小事情发脾气，动不动就跳起来的人并没有意识到他们这样做会给大脑结构带来什么样的损害。他们不知道这样做会消耗精力，会让自己的力量短路，会侵害到自己构造精致的大脑与神经,因此会给一个人原本超凡的能力带来几乎无可修复的损伤。

我认识一个人,他在其他方面的品质都很优秀,但是却有一个缺点,他的脾气大得吓人。这一点常常在很大程度上削弱了他精神和身体上的能力。有时候，就算他正处在很好的心情中，然而如果一个朋友不小心说了一句话，触动了他某个弱点，他立刻就会暴跳如雷。他怒不可遏的样子简直就像是一个疯子，当他正在气头上的时候，什么难听的、有侮辱性的话他都说得出口。他在家里对待他的孩子和妻子也是这样，如此一来，他家里的人感觉到就像是坐在火山口上一样忐忑不安，因为谁也不知道他什么时候会爆发。这个人频频发怒，他浪费于此的力气要远大于他用在日常工作上的精力。

如果一个人总是把精力浪费在这些方面，那么，他所浪费掉的不仅仅是他的活力和精力，而且还有他的自我尊重、良好的判断力、良好的理性、甚至还有一些好朋友、客户、工作。凡是知道他驾驭不了自己脾气的人都不会尊重他，自控能力良好的人所拥有的声望永远不会属于他，实际上，他的沉着与冷静早已随着自己心态的失衡而消失殆尽。

每当你的情绪处于不良亢奋状态时，比如说当你因为一些琐碎之事、无足挂齿的烦恼而崩溃之时；当你倾向于压抑、忧伤、精神抑郁之时；当你眼红、嫉妒、充满复仇心理时，你就已经不是你自己了，你已经失去了最珍贵的精神和身体力量，你已经失去了创造力，你的思想已变得消极、失衡、不再协调，任何一个头脑正常的人都不会以这种方式去自己损害自己。

不知你是否意识到，不加以克制地沉浸在伤感的情绪中，经常性地向消沉、失望、忧郁的情绪妥协是一种在生活的战场上吃败仗的信号，说明这个人没有足够的能力来统领自己的精神大军取得胜利。朋友们，不知你们是否想到过，当你最需要充足的睡眠来保证工作效率时，而你却整晚上躺在床上睡不着，不停地想着生意上的事情，这时候的你其实就是在承认自己缺乏经营生意的能力，你无法胜任自己的工作。你愿意承认自己无法驾驭自己吗？你愿意看着别人不断征服，而自己却不时地向困难、障碍、考验投降吗？

如果有人告诉你，你没有足够的力量去解决一些大问题，这些问题要留给更有能力的人，你是否会有一种受侮辱的感觉？但是话又说回来，如果你让日常生活中一些常见的烦恼，或每个人都难免会碰到的考验、痛苦破坏了自己平和的心态，破坏了自己的镇静自若；如果你允许一些小小的烦恼和忧虑破坏你生活中的协调，在你的家庭生活中、工作中、或社会交往中产生长期的摩擦，那么，别人对你的评价恐怕就是真的了。你若是向这些事情低头妥协，就等于你没有足够的能力控制它们，你就是在用行动表明，这些事情战胜了你，你被他们挫败了。

许多人的性格中都有这么一个特点，如果他们的思想中满是问题，有许多尚未解决的问题和困难，他们就无法很好地工作，也就是说，你还没有学会该如何对焦虑与烦恼释怀。如果家里有谁生病了，如果碰到了经济上的困难，钱不够花了，他们常常就会在士气上彻底垮掉，无法集中精力做好他们的工作，完成好自己的职责，因此，他们的力量也受到了严重的影响，导致的结果就是他们的生活大大受到了影响。他们总是期盼着没有任何麻烦，不会有任何事情打扰他们的时候，但是，生活中风平浪静或处在保护伞下的情形少之又少，如果他们学不会如何用淡定的态度对待生活中一切烦恼的话，这一时刻将永远不会到来。

成功的生活，幸福的生活并非意味着没有考验、苦难、辛劳与不幸的生活，没有谁能够避开这一切。真正幸福成功的生活是泰然处之的生活，是能够超越生活中一切打击、消沉和挫折，顽强取得胜利的人。真正的强者会在困境中艰难跋涉，昂起头面向着自己的目标，不论前方有什么困难，因为他知道，他的任务就是继续前进，不断前进。它不会心情郁闷，也不会失去勇气，更不会徘徊不前，抱怨、哀叹自己的碰到的麻烦。他做事的方式是用一颗勇敢的心去拼搏，即使这颗心在流血。

纵然海面上疾风骤雨，惊涛骇浪，可大海的深处仍然平静而沉默。懂得自控的人，不做肤浅之事的人，有一定深度的人，他们的内心是平静的，平静的心总能够听到上帝的声音，总能够学到生活中重要的原则，生活中有再大的风暴——无论是家庭的、经济上的、社会上的还是宗教等等方面的，这样的人能够禁得住，而这一切往往能够毁掉许许多多的人的生活，让他们遭受痛苦与不幸。在他们的内心深处，总能够找到一直能够神圣而坚定的力量，这种力量让他们即使在表面飓风肆虐的情形下照样能保持内心的镇静与沉着。

如果你希望成为自己情欲与情绪的主人而不是沦为它们的奴隶，如果你想要成为困难的征服者而不是被困难征服，那么，每天清晨醒来后或每天晚上入睡前，你都需要潜下心来，进入自己最平静的内心深处，在白天的时候也尽可能经常这样做，并且心平气和地和自己交谈。

打个比方，你不妨这样说，“我是上帝按照自己的形象创造出来的，上帝同我在一起，并将他神圣的一切赋予了我，他的和谐、镇静、力量以及宁静。但是，我只有主动地发展这些力量，才能真正拥有这些力量。我能够控制自己的大脑、脾气和情绪，我是无限力量的宇宙的一个部分，所以，除了我自己外，什么都无法伤到我，扰乱我平静的心绪。我是永恒的、神圣的，我决不允许自己的生活反复无常，也不允许一些日常琐事与烦恼打破我的平静，夺走我的和谐，将我同上帝隔绝开来。一条真理会整天伴随着我，它便是‘压制怒火的人才是最有力量的人，统治好自己的精神胜于统治好一座城。’我是有力量的人，我是冷静的人，我能掌控自己和自己的情欲。只要我同上帝紧密相连，任何事情都不会引发我的愤怒、憎恨、眼红、嫉妒或其他一些不悦之情。我不会再为任何事情担忧焦虑，因为上帝将眷顾我，即使是我生活中的小事情也将如此。今天，任何事情都无法将我同创造我、并不断支持我的力量分割开来。”

要用积极的态度对待你的这一番陈述，相信你所说的一切，用你的全部力量和绝对的自信向世界宣称自己的信念，犹豫不定的、软弱无力的宣言或决心都只不过是在白白浪费气力，它只能让人在同自己的情欲或问题作斗争时，力量越来越薄弱。

有的人通过告诫自己，或对自己直呼其名来不断提醒自己，这种方法也能产生很好的效果。

方法如下：闭上眼睛在脑海里想象另一个你，也就是那个具有神圣力量的自我就站在你面前，然后用尽可能真诚的语言对自己说，“约翰（或者其他名字），你来到这个世界上就是要通过你的生命或工作来实现你人生的价值，让你成为一个最大限度上发挥自己能力的人。为了完成这一任务，你需要将自己全部的力量和精力都投入其中。你绝不可以轻易挥霍自己的精力，或将自己生命的力量浪费在为一些不足挂齿的小事情或琐碎之事大发雷霆上，因为这些事情都不足以让一个沉稳的人为之动容。因为一些鸡毛蒜皮的事情不高兴有失男子汉的尊严。你是上帝之子，有能力摆脱任何烦恼带来的影响，看淡一切失望。在不断变化的生活中，你并不是一个无助的弱者，你个人的晴雨表也无需跟着周围环境的冷暖变换而变化。你的思想是如此的平和与镇静，因为你深知自己和上帝的同一性，和他的永恒的力量源泉的同一性，因此，任何事物都无法打破它的平衡，什么都无法夺走你的镇静。”

最能够给灵魂以支持的莫过于铭记上帝与我们同在，思想上抱有一种态度，认为任何东西都无法将我们同神圣的力量相分割，每当生活中出现疾风暴雨之时，他都会在我们身后支持我们。这便是能够塑造一个人个性的深度与广度、能够让人超越自我的东西。它能够让人默默忍受一切苦难和痛苦，鼓励一个人勇挑重担，而不是动辄失去信心。

这种在日常生活中一切事情都同上帝紧密结合、密切合作的感觉，让生活中无数件原本令人烦恼、头痛的事情不再那么折磨人。它让你学会对待他人宽厚仁慈,容忍他人的缺点,不要动不动就想要去抱怨、批评、谴责他人，因为我们都知道，世间所有的生命都源于同一个地方，都是美好的，他们都属于上帝。

孩子从小就应该接受训练，学会如何正确对待每一件事情，学会控制自己，用平和的心对待生活中的挫折与不快。我们应当教会他们，让他们明白，虽然我们无法避开生活中发生的一些麻烦事情，但是，我们可以调节自己的心态，用无私、耐心、欢快的心境，发展自己的博爱精神来支持自己，缓解自己性格中情绪波动大、易受伤害的方面。

在我们每个人的内心深处都潜藏着一种力量，那是一种神圣的力量。如果我们知道该如何利用它，如果我们从孩童时期开始就习惯于利用它为我们疗伤，那么，任何不良心态和再大的困难障碍都将无法影响到我们，任何忧郁、沮丧、痛苦、失落的负面情绪都将远离我们。

我认识一个妇女,她几乎经历了人世间的一切苦难。她失去了房子，失去了丈夫，失去了家人和财产，然而，她却一直保持着非同寻常的平静，仿佛这一切全然没有发生。损失、失败甚至死亡都无力在她脸上留下任何遭受苦难的痕迹。她早已看淡一切苦难、一切恐惧、一切忧伤，以及生活中的一切浩劫与磨难。我从未听说过她有过任何不平静的时刻，她坚信有一种神圣的力量在支配着她的生活，所以，她一直以来都是那么的振奋、充满希望，同情他人，乐于助人。

写到这里，我还想起了另外一个沉稳的人，她是一位老妇人，她个人一生中所经历的苦难与挫折就足够让十几个承受能力差、无法从生活中不可避免的不幸中自拔的妇女痛不欲生。许多年来，我就这么看着她平静地迎接着生活的种种考验与不幸，不断地同贫穷作斗争，带领着自己的家人同各种困难作斗争，然而我却从未看到过她发脾气或在困难面前气馁。她具有一种不以物喜不以己悲的心态，这种超然的心态让她坦然面对生活中的普通事故和大风大浪。她的精神似乎总处在某种高度，任何不协调与风暴都无法触及这一高度，她良好的脾气涵养，她的勇气与镇静，她一成不变的耐心都令所有认识她的人感到吃惊。

如果我们在思想中能够反应过来，一切焦虑不安，一切杞人忧天之事都不会给你带来一丁点好处，只能带来伤害，那么，我们为何还要没完没了沉浸在这种事情当中呢？

我们应该想一想，如果带着思想负担和失望去工作，我们无形中要多花费多少精力才能做好自己的工作，如果我们能够把这些在焦虑和生气中白白丢失的精力用在自己在工作中，那该多好啊！

我们能够为自己做的最大的一件事情，就是下决心能够在有麻烦的情况下仍然快乐地生活，在令人烦恼的、困难重重的情况下将事情做到最好。正因为我们无法时刻处于理想的状态之下，所以，要想增加获得幸福和成功的机会，我们所能做的唯一的事情就是下定决心不让自己的志向受到阻挠，不让自己的生活变得凄风苦雨，乱了方寸。如果我们能够不时地提醒自己，凡是历史上最伟大的人物，在从事自己伟大事业的时候，都经历或遭遇了各种阻力和令人绝望的困难；在各行各业中都有许多爬到了顶端，成就斐然的人们，他们无不是在贫穷、严重的家庭纠纷或事业上处于低谷，比如说糟糕的地理位置、时艰、恐慌、失败、失望以及被信任的人出卖的情况下，仍然保持镇静与勇气，毫不气馁地奋斗着。

唯一正确的，能够让我们获得满足感，取得成功的生活哲学就是学会在生活中同各种麻烦和平共处，积极地去生活，努力做好每一件事情，时刻用开朗的情绪去面对世界。一个人如果不具备这样的生活哲学，就会不断地被一些无用且无益的事情所伤，这样一来，他就会无异于一头困兽，不停地用自己的头去撞笼子的铁条，徒劳无功却伤到了自己。

功率最大的天文观察站总是建在高高的山顶之上，这样才能确保用来观察天体的望远镜更加清晰，不会受到灰沙、尘土、薄霭、大雾等低空悬浮物的干扰。要想同不断分散我们注意力的世俗嘈杂之声相隔绝，要想让我们原本就很辛苦的日常生活不受各种烦恼之事、各种令我们扭曲、变形之事的干扰，我们有必要将思想境界和情感境界提升到一定的高度，只有到达了一定的高度，我们才能呼吸到更为洁净、更令我们神清气爽的空气，同时，我们也会距离神圣的天堂更进一步。

上帝所创造的人类应该有足够的能力超越那些微不足道的烦恼琐事，那些无足挂齿的疼与痛，以及生活中的种种失望。在实现伟大生活目标的过程中，我们应该全神贯注，全力以赴朝着自己的目标前进，这样一来，我们就不会因为一些肤浅、薄弱的小烦恼而打破我们的平衡或干扰到我们的生活。

当一个人的自我控制逐渐形成一种习惯时，他便能够对每一天的喧嚣、嘈杂充耳不闻，生活中那些不协调的东西对他而言就成为了遥远的回音，再不会影响到他，打搅到他。如果一个人保持冷静的修为到达了一个忘我的境界，它已经成为了他生命的一个部分，他的一举一动都能将这种镇静体现出来，那么，他就已经练就百毒不侵的功夫了。

人的一生中总有一些重大的时刻，这便是我们同严峻的考验面对面的时刻。当一个人的理想或生活或工作在刹那间分崩瓦解，或者是眼看就要崩溃的时候，他应该知道如何做到勇敢。那么，他就可以冷静地在胸前双臂交叉，面无惧色，毫不颓废地冷眼看待眼前发生的一切，即使他失去的是倾注了全部心血的东西，他也会像爱迪生那样，用一颗勇敢的心和毫不颤抖的声音大声说：“没关系，明天我将重头来过。”

Chapter 13
赢在中年
Winning Out in Middle Life

成功与年龄无关，
却和自信有关。
在生活中胜出的前提，
是我们必须相信自己有能力获胜。

有一天，一位五十岁左右、相貌平平的女士给我打来电话，向我寻求咨询和帮助。几年之前，这个妇女所服务的出版社破产了，她因此也失去了一个很不错的职位，从那以后，她再也没能找到一个固定的职位。一直以来，她就靠断断续续在一些出版社的临时职位打工过日子，这也是她能做到的最好的事情了。然而，她却精力旺盛，而且有着极强的工作能力。

那么，为什么她寻求了这么久，仍然没有得到一个固定的职位呢？是因为她的年龄关系吗？不，是因为她失去了勇气。

当她失去了原来的职位后，她从一开始就认为自己的年龄是一个障碍，所以，当她应聘一个新的职位之时，她并没有表现出应有的那份自信，那种胜利和力量感，而这种感觉恰恰是要想留给他人一个自信的印象所不可或缺的东西。是内心的担忧令她畏手畏脚、犹豫不决，因此而招致失败。每失败一次，就会更进一步打击她的勇气，当她被拒绝数次之后，便开始相信自己机会的渺茫，她的这种不自信不仅能从面部表情上看出来，而且还体现在她的整个举止、行为方式中。她的心态已经不再是一个征服者，而是一个被征服者，她已无法留给雇主一个有利于自己的好印象，而只能留给对方一个消极、不确定的印象，再加上她的年龄因素，如此一来，虽然她在各个方面都非常适合她所申请的职位，但最终还是导致雇主做出了不利于她的决定。

那么，这位妇女的失败还有什么稀奇的呢？老板只不过是不愿雇佣一个看起来失去了斗志和生气的雇员，一个外貌、谈吐、举止以及一举一动都表露出她“筋疲力尽”、老了的雇员，一个不再拥有年轻人的精神与热情的雇员而已，那么，我们又怎能责怪这个老板呢？如果一个女性的说话方式比语言内容本身更让人觉得，在她身上早已没有成功的潜质了，那么，她又如何能够取得预期到成功呢？

这位女士的问题所在并不是她的客观年龄，而是她的思想年龄。对于中年或已过中年、不论是出于何种原因被迫寻找新职位的职业男女而言，最大的障碍并不是年龄，而是他们无精打采、灰心丧气的精神面貌。我同他们中的许多人都有过交谈，虽然他们都向我保证自己并没有失去勇气，坚信自己仍能胜出，然而，我却能够感觉到，这份肯定并非基于他们的自信，而是碍于自己的情面。他们虽然不愿意承认，他们打从心底已经认为自己永远落伍被淘汰了，自己的生活已经是个败局了，但是，他们的却表现出了这样的想法。他们浑身上下都散发着一种自卑、对自己没有信心的信息，他们的言谈举止总是显得底气不足。他们得不到申请的职位，有的抱怨运气或命运不好，有的则是感慨时过境迁，或归咎于其他一些迷信的说法，他们唯独没有意识到，自己失败的原因并不是年龄或者外界的因素，而是他们自己。

不论你什么年龄，只要你身体尚可，就会有一份工作在某处等着你。如果你找不到它，那就是你的错。

如果你恰好处在五十岁到六十岁之间，就已经开始以一种老年人的心态对待一切，没了年轻时候的那股冲劲，以年龄为借口放弃各种做事情的机会，那么，你绝对不可能得到一份工作。假如有人要求你做一些不太寻常、甚至看起来很幼稚的事情，你习惯性地使用了一种表情，告诉对方，“我的年龄不适合这种工作”、“我现在考虑这个有点为时过晚”、“几年前我可以，但现在恐怕不行了”、“现在的我没法和过去比了”、“我的精力是有限的”、“这些事情还是留给年轻人去做吧”，那么，不会有哪个雇主会喜欢你的。精明的商人一眼就能看出来，你已经失去了斗志，对他已经毫无用处了。你求职成功的一半可能性已经输在了你的心态上，因为，只有相信自己能成功的人才会成功。

前一阵子，纽约大学的毕业班上有一位年过六旬的长者获得了学士学位，真可谓活到老学到老。如果这位六十岁的“年轻人”（他白天还有一份全职工作）开始认为自己已经老了，到了该享受轻松生活的年龄了，不应该同年轻人去竞争了，那么，他还会去读夜校，去取得学士学位吗？当然不会了。没有人会去做自己认为遥不可及的事情，只要你认为自己老了，该退出了，那你就真的是老了，该退出了。

想要和年轻人竞争的，超过四十、五十甚至六十岁的人，不应该太介意自己的年龄，或者根据自己的年龄来衡量某些东西，也不应该在穿着上过于老气横秋，更不应该弯腰驼背、步履蹒跚、脸上一副无望的表情，这样做只能让你老得更快，心态决定年龄。一个人是否老了，不能用活了多少年来衡量，而是应该看他是否雄心尚存，老骥伏枥，志在千里。如果一个人希望已破灭，斗志已燃尽，那么，他生命中的元气便荡然无存，虽然你只不过四十出头，但衰老却提前到来了。

许多人虽然只有五十多岁，但却像一棵不再结果实的老苹果树。老树吸取地下的水分，吸收空气和阳光中的化学物质，这一切都是大自然的力量，小树吸收了这些力量后，会茁壮成长，会结出硕果累累。老树外表看起来仍然是一棵苹果树，但它却没有什么实际用处了，它不再结果实了，它已经从中间开始腐烂了。

如果你是这一类型的人，那么，你找到工作的可能性就不是很大了。正如苹果树对它的主人毫无用处，同样你也不会给你的雇主带来利润。

每一个雇主都知道，导致成千上万的，极具潜力的人都没能获得太多物质财富的原因有许多。居住地点的改变、流行趋势的改变、关税的改变、成本的提高、长期的疾病、多病的妻子、体弱的孩子——任何一个方面都有可能会分散一个人的精力，或者让他 / 她处于生活中极为不利的情况中。如果是因为这些原因，或者是生活中其他各种原因，那么，一个在中年或已过中年的人在找工作时便无需感到自卑或有失尊严。实际上，如今适合年长一些人的职位已逐渐增多，他们应该为这一事实而感到庆幸。

这场大战改变了我们先前的许多偏见，打破了许多旧的习惯，迫使我们推翻某些逐渐形成信条的、不利于整个人类的陈规陋俗。这些规定中其中有一条就是“最后期限”，它莫名其妙地限定了一个人的能力的使用期限，甚至限定了一个人的生命和幸福。著名的奥斯勒理论认为，一个人的最佳工作年龄应该是在四十岁，一个人正常的退休年龄应该是在六十岁。虽然奥勒罗博士并未郑重其事做出声明，但是，这一理论对于年龄的仲裁提供了最权威的依据。这种不公正的、主观的限定给一些超过四十岁的求职者带来了一定的困难，让那些超过五十岁或六十岁的求职者感到毫无希望。

战前，我们常听到这样一句话，“这是一个年轻人的时代！”“这个企业需要新鲜血液！”“我们要年轻人！”人们对于超过四十或五十岁的人，或任何略显老态的人抱有一种偏见，这让年长一些的人找工作非常之难，在当时那简直就是一个年轻人的世界！但是今天，无数的事例向我们表明,年龄限制早已消失。部队征兵令大批大批的年轻人从工业、商业、职业领域中撤退下来，这样一来，许多四十、五十、甚至六十岁的人填补了年轻人留下的空缺。

正如战争将许多原本认定已经报废的，或许再不会派上用场的旧船只、旧舰艇重新投入使用一样，战争让许多原本因年龄仲裁早已放在一边的男性和女性重新有机会提供自己的服务。这些人们在战争期间做出了优异的工作，许许多多的人工作出色，甚至在工作过程中重获自己的青春。

在许多责任重大的行政职位上，以及许多取代了年轻人的常规机器操作岗位上，老年人甚至比年轻人干得更出色。现代科学、发明与发现为我们提供了许多精良的机器设备，将人类从繁重的体力劳动中解放出来，同时也给年长的人提供了许多机会，让他们能够做一些在从前只有壮年男女才能干的工作。

在许多工厂中，原来靠手工完成的重体力劳动都被机械设备所替代，而这些设备则由无法从事重体力劳动的中老年人来操纵。在如今的农场上，我们能够看到许多六十、七十、七十五岁甚至更老一些的人开着农业机械，从事着重要的工作，他们耕地、耙地、锄地、收割。然而就在不久前农场还只是年轻人的天地，这些工作还只能够由壮劳力来做。

在一些更高级的、以脑力劳动为基础的领域里，超过六十岁、七十岁甚至八十岁的老年人仍然能够像四十岁的人那样做出优异的工作。我认识一个七十多岁的人，他精力旺盛，充满生命的力量，有几百名年轻人在他手下工作。在他的研究基地，他总是健步如飞，浑身散发着精力、力量、和生机，任何不认识他的人都会立刻被他吸引住。他的目光敏锐，头脑清醒，什么事情都逃不过他的眼睛。

这样的人不胜枚举。在公司的董事会里，八十岁，甚至是超过八十岁的人仍然思路清晰，精明强干，他们对最先进的管理技术了如指掌。在各种行政管理职位上，不断有年长的人得到晋升；在艺术、科学、文学、法律、医疗以及其他专业性行业中，老年人们能够从事各种各样的工作，而且这些行业的老年人从业人数仍在不断增加，他们深知生命的可贵，更为认真诚恳，能够比大多数年轻人更好地利用自己的时间。除了出色地工作以外，他们的兴趣爱好也和年轻人同样多，他们阅历丰富，充满智慧。

卢瑟·伯班克、西奥多·韦尔、亨利·沃特森、约翰·沃纳梅克、艾尔伯特·加里、托马斯·爱迪生、约翰·伯乐斯、威廉·迪安·豪厄尔斯、迪皮尤、伊莱休·鲁特、卡迪纳尔·吉本斯，还有许许多多年逾七旬甚至八旬的人，他们仍然带着年轻人的活力与快乐孜孜不倦地工作着。

在精神上，爱迪生显然同年轻时候没什么两样。他说他很少感到疲惫，一口气经过长时间的工作后，他可以随便找一个地方睡一觉，醒来后立刻精力充沛，他说，上下楼梯对他来说丝毫不成问题，他可以像年轻时候那样一步跨两个台阶，做出各种大显身手的事情。

中老年人之所以难找工作，原因之一是因为他们已经跟时代脱节了，失去了协调性、失去了对新鲜事物的兴趣和热情，他们仍然还活在过去。他们是十足的“大势已去之人”，然而与时俱进的雇主们最怕的，就是“大势已去”。这些总喜欢频频回首的人从来没有意识到，事物在每一天都有新的变化，他们必须同人类社会每一天的进步保持一致，否则就会遭到淘汰。不论一个人处在什么年龄阶段，只要他失去了紧跟时代的进步精神，他也就失去了取得大成就的希望。正如奥利弗·温德尔·霍姆斯所说，“在七十岁时仍然保持年轻有时要比在四十岁就疲惫不堪让人更值得庆祝，更充满希望。”

亲爱的朋友，不论你是什么年龄，不论你是二十岁也好，五十岁也罢，如果你希望找到一个职位，你就必须告诉每一个人，在生活的战场上，你仍旧是一名斗士，你的理想之火仍然在熊熊燃烧，你仍然足智多谋、不断进步、有创新精神、独立自主、能够与行业中的任何一个人相抗衡。那么，即使你已双鬓花白，一些需要类似于你这种服务的雇主仍然很乐意雇用你。

带着一副沮丧的面孔四处求职，走到哪里都在抱怨“没有人想要年纪大的人”、“谁都想要年轻的、精力旺盛的人”、“稍微显得老一些就没有机会了”，这样做根本就是在搬石头砸自己的脚。这种悲观丧气的做法足以扼杀每一次机会，不论这个人有多么大的能力。它表明，这个人的思想已经滞后了，已经无法紧跟生活主流的步伐。在生活大军中落伍、被淘汰的人休想将自己的服务出售给任何先进的机构。

一个正值中年，却看起来十分苍老的人，脸上写满了无望，不是愤世嫉俗便是悲观厌世，对大多数人关注的事情无动于衷，然而这个人却在四处找工作，这的确是一件很可悲的事情。他的外表形象告诉人们他很衰败，光是这一点就足以让老板将他拒之门外，因为他已经用自己的一举一动明明白白地宣布，他失去了希望。而希望在求职过程中却是一个十分重要的因素。

如果一个人雇佣那些头发花白、弯腰驼背、胡子拉渣、头发乱七八糟、衣服上都是油渍、经常落魄街头寻找工作的人为自己服务，那么，他又能有什么机会呢？没有一个精明的老板会雇用这样的人，就算是最低的职位也不可能。对于那些失去希望的人，我从来没有抓住某个人，给他好好梳洗打扮一番，给他一套新衣服，告诉他要持有正确的心态，以便求职时能有一副胜利者的表情，而不是像一只斗败的公鸡。我会让他走路时挺胸抬头，不再像一个失败者，给人以受冷落者的感觉；我会教会他如何让自己表现得浑身充满活力，充满魄力，充满创造力；我会让他看到自己的潜能，不论你眼下多么不尽人意，如果你感觉到自己神圣的力量和无尽的潜能，那么，成功也就离你不远了。

我们已经开始认识到，人的思想具有强大的力量，相信我们集中思想所想的事情定然能够实现。如果你思想集中在失败之上，满脑子想着年龄太大，找不到工作，那么，你一定无法成功得到你所追求的职位。如果你瞥见自己有几根白发，就开始任由衰老的想法在脑海里蔓延，占据了你的思想；如果你开始留意观察自己是否精神状态有所下降；如果你偶然无法像平常那样集中精力去思考，就认定自己的能力在减退，那么，你当然就会掉队。

我们总是朝着自己认定的方向发展，这是一条心理规则。我们对自己坚信不疑的东西正是自己真正具有的东西。如果你总认为自己的志向已不再高远，你的各方面功能正在减弱，你很快就会认为自己已无法再去同年轻人竞争，你很快就会放弃一切。是你自愿主动地落后了，你不愿意紧跟年轻人的步伐。一旦你这样做了，你注定就会越拉越远，是你自己降低了自身的价值。既然你在思想上已经承认了自己无法在同年轻人同场竞技，那么，你的行为就会将你的思想表露出来，那么，年轻人自然而然就会在各种职位的竞争中胜过你。

如果一个人到了五十岁或六十岁仍然没有一定的金钱或社会地位，无疑是一件很严重的事情。但是，过去有成千上万的人，他 / 她们虽然处在这种情形之下，但仍然能够最终胜出，有的甚至开创了辉煌的事业和生活。今天，你所拥有的机会要比他 / 她们当初的机会多一千倍，如果你有事业心和意志力，你仍然可以像他们一样在五十岁出头时取得巨大的成功。

许多人一直到了中年时期才真正知道自己到底最适合做什么，然后下定决心将剩下的时间用于工作之上，做出一些有价值的事情来。所以，问题的关键就是看你能否在遭遇到困难之时振奋精神，下定决心告诉自己，不论是年龄也好，命运也罢，或是其他一些磕磕绊绊都无法将你打败。相信上帝，相信自己的力量，你将战胜一切困难。

有的人在人生的后半段才真正觉醒，有了自己的志向抱负，倘若他是个真正勇敢之人，他必定会奋力重新夺回自己的立足点，或竭尽全力同年轻人竞争，但他绝不会走到哪里都喋喋不休地抱怨自己的坏运气或所处的环境。他更了解，焦虑与烦躁只是浪费精力，徒增皱纹而已。他不会总是想着自己的年龄，没完没了盯着自己的不利条件，相反，他会刻意忘却自己的年龄问题，让自己在外表上显得更年轻一些。他会尽可能地穿着得体，如果实在是买不起一套新衣服，他会将旧衣服洗干净熨烫整齐，将皮鞋擦得锃亮。他会用显而易见的方式表现出自己的年轻心态，通过举止和步态告诉人们，自己仍然很年轻。他走路的时候不会耷拉着肩膀，步履拖沓，一看就知道他精力不够用，他的青春活力已经燃烧尽了。他走起路来会昂首阔步，就像年轻人那样有跳跃感，精神饱满，充满了生命的活力。他会满怀信心向前看，不断告诉自己，“上帝是我的生命，我在精神上不可以衰老，年龄的增长并没有什么可怕的，只要我在精神上保持年轻，只要我的内心仍然保留有一份童真，我就不会变老。我工作的能力像过去一样强，从现在起，我会比过去任何时候更成功！”

如果你是一位求职者，并且已步入了中年，或者已经超过了被武断限定的“中年阶段”，那么，你潜在的雇主就有可能更为仔细地考察你，他会注意到你每一个衰老的细节。不论你的自荐书写得多么好，不论你多么有能力，多么适合这个职位，但如果你看起来精神不振，那么这一切都会大打折扣。

没有人愿意雇用一个垂头丧气或脾气乖戾的人，尤其是这种类型的中年人，雇主需要的是精力旺盛的、朝气蓬勃的、有志向的人。这为那些中年求职者带来了一些不利因素，也无形中打压了他们的士气和积极的思想，制约了他们的潜能。他必须让人一目了然，如果从才能和思想能力方面来说，就算他没有超过年轻人，但最起码也不亚于年轻人，否则，他根本不可能有机会得到他所追求的东西。

当一个雇主在考虑面前这个求职者的时候，他使用的是自己的眼睛和耳朵。他的感知器官、他的判断能力和他的洞察力全部都调节到了最佳状态，不停地对眼前这位求职者的一切进行衡量和评估，他的举止、他的谈话、他的外表、他的眼神、他的着装。这些因素既可能会吸引雇主令他欣赏也可能会令雇主反感。精明、聪明的雇主只关心应聘者身上有多少可供他利用的地方。如果你年龄稍大一些，他可能更想知道你身上还剩下多少好的品质，还有多少工作能力、还有多少精力。他不想雇用一个看起来似乎要日落西山的人，也不想雇用一个呆不了多久的人。他更不想雇用一个单纯想着这个职位能带来多少好处的人，他只想雇用一个一心一意为自己工作的人，一个充满了热情和活力的人，一个决定在自己的岗位上奉献出最佳服务的人。

工作中是不讲感情的。雇主总是在寻找物美价廉的雇员，一个真正才华横溢的人并不希望一份工作做到死。你必须向你期待的雇主表明，你依然值得他去投资。如果你的外表形象，你的谈话，尤其是你的心态（我强调，是心态）表明，你的回报率不会很高，你已经开始进入了下降阶段，你对生活已经厌倦了，那么，你就不会得到这份工作。

如果我是五十岁或六十岁，打算出去找一份工作，我要做的第一件事情就是好好洗个澡，刮干净胡子。我不会打扮得像个纨绔子弟，但我会很仔细地穿着整洁，让自己看起来很得体。在我尽最大努力处理好自己的外表后，我会在精神上给自己打气，我会和自己来一次推心置腹的交谈，就像这样。

“好了，爱德华·琼斯，你要你既勇敢面对这一切。你虽然有不足之处，但是也有自己的强势，你越早发现它们，对你就越有好处。今天我要去应聘一个职位，我要想通过面试，就必须让雇主看到，我就是那个他要找的人。我要让他看到，我所拥有的品质能够弥补年龄上的不足，我定能获胜。我充满生机、斗志旺盛、有活力，丝毫不亚于他要寻找的年轻人。我充满了希望与成功的自信，我会让他相信我，向他表明，他所面对的是一个真正有价值的人，我的一切都不次于任何人，我没有任何退化或力量减退的迹象。”

如果你带着这样的精神面貌来到雇主面前，如果你的确能够胜任这份工作，他会不考虑你的年龄，给你这个机会。他会这样说，“这个人是我值得留下的人，他将成为我企业中一笔真正的资产，有了他我会生活得更好。他比一个年轻人更适合这份工作，因为他经验阅历丰富，且事业心强，精力充沛。”

如今，有许多五十多岁的人仍然没有住房，还在寻找工作。他们比一些经济上较为成功的人更有能力，工作更为卖力，更加坚持不懈，也更有个性，这些人或许无法控制局面，但是他们却应该知道如何控制自己的心态。如果他们想要再度大展拳脚，他们必须懂得这一点。

在这个世界上同样还有千千万万步入中年却仍然毫无建树的人，同他们刚刚出道时没什么两样。他们中有许多人非常自卑，但却迫切需要工作。然而他们却具有相当大的潜力，这种潜力一旦得到发挥，就足以让他们在人生的后半段取得辉煌的成功。如果他们能够重拾信心，不再自卑，用他们年轻时候的勇气与胆识面对生活，他们定能创造奇迹。

这个世界上有许多伟人，他们甚至在五十知天命之年才真正了解了自己，发现了自己的潜能，历史上有许多这样的事例。五十岁以后取得成功、获得名誉，这种故事听起来似乎有点不可思议，但却是生活中真实的故事。就在我们的国家，许多步入中年的人就已经被划为失败者的行列了。他们没钱，没房子，落魄潦倒，但是，许多人在五十岁以后却发觉自己仍然具有可以发挥的才能，只是以前未曾想到过而已，于是，他们开始大步向前，最终取得了很大的成功。

许多人到了中年才发现自己到底真正最适合做什么，然后下定决心将剩下的时间用于工作之上，做出一些有价值的事情来。历史上有许多让人感触极深的事例，这些事例告诉我们，许多人在人生的前五十年并不成功，五十岁过后方功成名就。

有的人自身素质很好，只是在晚些时候才如梦方醒，有的人想要努力收复失地，重新登上原先的立足点，他们让自己的先天不足成为了垫脚石，将它转化成为了有利之处，比方说一个跛足的人，或者有其他身体残疾的人用坚定的意志力战胜了先天的不足，他们让自己的先天不足成为了垫脚石，将它转化成了有利因素，让自己在这个世界上获得了一席之地。

一切事情均取决于我们面对困难的精神。如果我们坚信，有一种神圣的力量在支持着我们，如果我们用这种信念对待每一件事情，那么，我们必然能够到达人性中一个更深的层面，我们必然能够发现自己的才能与潜力，而这种潜力如果不通过努力，可能永远也只是潜力而已。

爱默生说过，如果我们同高于自己的东西交流，我们就不会变老。当然了，如果我们同上帝保持一致与和谐，如果我们知道自己和上帝的同一性，同为支持万物的源头保持密切联系，我们就不会早在中年时期精神上和体力上便出现衰退现象。

随着年龄而来的经验给人以智慧，并丰富一个人的生命，个人的能力与经验是一件终身积累的事情。若不是人类认为自己到了年龄就要变老，认为我们一旦到了特定的年龄，就会到达一个衰退的阶段，就会开始走下坡路，我们恐怕都可以继续工作下去，获得精彩的成就，让生命的光彩焕发到人生的最后时刻。

最能够抵抗衰老的东西莫过于欢愉、希望、兴致勃发、心情愉快、信仰上帝和自信。这些都是保持年轻的经典品质,如果你想要保持年轻，就去培养它们，让思想里充满年轻的想法，同年轻人多相处，走入他们的生活、工作、娱乐和理想中。积极参与到年轻人的活动中去，要带着热情和兴趣全心全意地投入。如果你不认为自己能行，你就无法发挥自己的能力，如果没有自信的呼唤，你储备的力量将永远站在幕后，没有机会上场。如果你想要保持年轻，你的思想和行为必须表现出年轻的样子来。让身体衰老的并不是年龄，而是一个人的思想。“如果一个人的思想不允许，他 / 她的脸就不可能泄露自己的年龄，思想就像一个雕刻家”。大多人存在的问题是我们在年轻时就早已播下了衰老的种子，我们总是期盼着在四十五岁时开始衰老，从五十岁开始就一天不如一天。相反，如果我们正确看待生活，我们完全可以在五十岁时重获新生。

我们不能脱离一个事实，我们总是和自己所相信的那个自己相差无几。如果一个医生认定病人很快会死掉，任何东西都回天乏力了，那么，这个医生绝不可能医好这个病人，因为人的肢体行为总是会受到潜意识的支配。

如果我们学会一直把自己视为年轻人，如果我们在思想里十分重视“永远年轻”原则，并且坚信，人的本质，也就是圣洁的力量是永远不会老的，我们就绝不能主动去表现出一副衰老的样子来。如果我们明白，任何力量都无法将我们同上帝的这条原则相分隔，如果我们了解到我们的生命、健康和永恒全部都寓于上帝的原则当中，而上帝的原则恰恰又寓于我们内部，那么，我们将有能力抵制心理衰老所导致的实际衰老。

Chapter 14 如何实现理想

How to Realize Your Ambition

理想激励着一个人同命运作斗争，
失败不是指犯错误，而是指胸无大志。
一个远大的理想会在最大限度上激励我们的志向，
给脆弱的灵魂以鼓励，
让他们摆脱各种不良的影响。

不论你多么贫穷，外表看起来多么平庸，你仍要昂起头来。不要害怕好高骛远，你可以将目光指向遥远的星空。就让别人去嘲笑你吧，如果他们愿意的话，但是千万不能让别人嘲笑你最终放弃了坚持多年的追求。不论在哪个时代，正是这种着眼于高处的精神铸就了一个又一个伟大人物。

一个人进入比赛之前，他首先必须获得参赛资格，但最重要的是，他必须有一个明确的目标和毫不动摇的决心。不论中途遇到什么障碍，碰到什么阻挠，他必须要有勇气和毅力，决心永不放弃自己的目标。这是一个人拥有成功、完整的生活所不可或缺东西，它所起到的作用就如同哈姆雷特这一角色在莎士比亚这部巨著中所起到的作用是一样的。

如果我们在初秋时节去果园里走一遭，就会看到，虽然此时成熟季节尚未真正到来，但地面上满是掉落的果实。大量还未成熟的果实之所以会掉落在地，是因为它们已经不再继续生长了，悬挂在枝头已经毫无意义了，所以最终只能落在地上。它们已经无法汲取到树液从根部运输上来的养分，果树也懒得再去支持这些毫无用处的果实，于是将它们清除掉了。许许多多的人就像是这些掉落在地的苹果，他们失去了勃发的志向，不再进步，最后只能掉队，成为一个一事无成的人。

生活中最令人感到难过的事情之一就是眼睁睁地看着一些人理想渐渐模糊，失去了自己的生活目标。他们带着对未来的憧憬踏上生活的旅途，但是，生活中日复一日不容变更的烦恼琐事却让他们的理想黯淡、褪色，让他们的标准开始下降，令他们的斗志逐渐丧失，旺盛的精力不断燃尽，激情渐渐冷却。

人类的一切成就都扎根于向上的本能，人的一切品质中，只有志向需要你更多的留意、更多的保护和更多的培养，如果你不去浇灌，它就不会生长。一个人开始忽略它的那一刻，也就是他开始退步的那一刻。他的精力在下降，他的外表渐渐苍老，行动渐渐迟缓，口齿渐渐不清，他开始不修边幅，举止中和工作中都显示出随便和潦草，最后直到他彻底失去自信与骄傲，迅速滑入低谷。他成为了一个毫无用处的人，甚至会成为一个社会危险分子，因为有这样一句话，"没有理想追求的人是不负责任的人，不但自己毫无价值，还会给他人带来危险。"

如果你的志向不够活跃，不够持久，眼看就要垮掉，尤其是你正处在灰心丧气的阶段，你应该通过各种途径加强它，扶持它。比如说，如果你在一个公司里上班，你就要下定决心成为一名优秀的商人，时刻准备着成为你的雇主的合作者，这已经是一个被许多美国人证明了的，能够从底部一直爬到顶部的实现抱负的完美途径。如果你心中一直有这样一个信念，现在你虽然只是一个普通职员，但有朝一日，你的名字将会出现在这家公司的大门上，这种信念便是你的目标，你会为之而努力工作。但是，你的名字将来到底能否出现在那扇特殊的门上其实并不重要，因为在追求这一目标的过程中，你将得到锻炼，同时也是在为其他一些事情做准备，你会获得同样的甚至更好的收获。不论日后会有什么样的事情发生，有志向为成为合伙人而做准备是你的最佳发展方式。

向上攀登的唯一动力就是将目光固定在你的目标之上，从不偏离。在脑海里不断想象你想要的东西，尽自己的最大努力为之付出。你或许在努力学习，打算要成为一名律师、一位医生、一名教师、一名工程师，但不论你打算从事哪个行业，你要把自己的目标定在最高位置，你一定要让自己成为一流的从业人员，成为自己行业中的大王。重要的是你要一直有一个动机在背后支持你自己，前方要有一个激动人心的目标在等着你，你要期待伟大的事业，这些事情都能够激起你的志向，满足你的进取心。

你会发现，就像演员在舞台上扮演某个角色那样，模仿一些你所钦佩的、志向高远的人对你十分有帮助，在脑海里一直持有自己偶像的形象也是一件很不错的事情。你要努力想象一下他们的形象，至少也要想一想他们身上那些我们所不具备的品质。你要在你的同伴面前表现出一定的使命感，仿佛你要为人类传递某个重大信息，这样做会让你带着极大的热情和趣味对待工作和生活，会将你的信心展示给每一个人。工作中，你要下决心一天更比一天出色，告诉自己，你正在向着胜利前进。你要留给大家一个印象，你是一个有事业心的人，注定会成功。让自己在体力上、思想上、士气上一直保持成功的标准，保护好自己，确保自己不断自我改善的精神不会受到任何不良的影响。一定要密切关注自己是否有退步、标准降低或任何有损于自己价值的迹象，哪怕一点点。如果你坚持生活在一种较高的境界之下，你的志向就永远不会消衰。

我认识一个在商业界颇具名气，并取得了一定地位的人，他从很小的时候就开始使用一种一步步确立理想的方法让自己进步。这种方法就是每天和自己进行一番推心置腹的交谈，并以此不断推着自己前进，一直到他达到最高的层次为止。

这位成功人士十分肯定，他的许多成就都要归功于一种早年养成的习惯——毫不留情地催促自己，不断敦促自己尽可能地发挥自己最大的能力。他认为，如果自己不鞭策自己，把自己当成一个前途光明的孩子，训练自己未来承担伟大的责任，那么，任何人都干不成大事。他说，如果他不能紧跟自己的理想，如果无法刺激自己，为自己设定新的目标，用不了几个月，他的标准就会下降，他的精力就会衰退，他的理想将泯灭，他的整个生命就会出现退化现象。

虽然许多事情都会破坏和削弱一个人的志向，但是据我所知，除了邪恶本身之外，拖沓的习惯是最容易让人消沉的一个弱点。我们都知道，理想在最初的时候是多么美好，多么令人憧憬，但是，如果我们没有紧紧追随自己的理想，如果我们并没有付诸实际行动去实现理想，如果我们总是将实现理想所必须付出的努力向后拖延，那么，理想就会开始褪色，我们的意图就不再具有太强的约束力，我们希望有所成就的意愿也就不再那么强烈，还没等我们意识到这一切，我们的理想就已经夭折了。对于我们计划要做的事情而言，就算是在执行时间上仅仅推迟过一两次，也会让人明显感觉到热情因时间拖得过久而减退。

我想起了一个年轻人，他有很强的能力，对法律和政治充满热情，每一个认识他的人都相信，他定会有所作为。但是，他却一推再推，迟迟不肯为成为一名律师做准备。刚开始的时候，他以无比的热情和饱满的情绪对待自己的理想，他取得成就的势头似乎是势不可挡。但是，每拖延一次就更容易引发下一次的拖延，他每一年都会下决心，不论碰到任何障碍，明年他一定会开始学习法律，可是，一年一年就这样过去了，如今他已四十出头，却仍然没有开始他所认定的终身事业。实际上，他当初的勃勃雄心早已变得淡漠，甚至已经彻底消失了。一切远大的抱负都将毁于因循之间，所有潜在的辉煌事业都会在逐渐消亡的雄心中化为泡影。

卡莱尔曾说过："找到适合自己工作的人是幸运的人，他会因此而别无他求，因为他的已经生活中有了追求的目标，并紧紧追随其后。"

如果你已经找到了一份终身为之奉献的工作，你最适合自己的工作，并将自己全部的精力投入到这份工作中；如果你决不允许自己的志向有一丝一毫的动摇，不允许任何障碍影响到你的热情或改变你的初衷，那么，任何事情都无法阻挠你获得成功。

然而，并不是每个人都具备一定的才能，能够很轻而易举地对自己的终身职业做出决定的。最近，在这个问题上陷入困惑，不知该如何决断的一个年轻人写给我一封信，信中说，"如果我目前前方有什么明确的目标，我知道我一定能够达到它。但是我却认为，对于像我这样的人而言，能够找到真正适合自己去做的事情要比成功到达自己找准的目标更难。我敢肯定，有成千上万的年轻人在这一方面需要帮助。"

我认识许多年轻人，他们已经大学毕业多年，但仍然没有最后决定自己的终身职业到底是什么。他们中有些人继续攻读硕士学位，有的出国去深造，唯一的原因就是还没有决定这一生究竟要干什么。他们觉得再多学习几年或许有助于自己做出一个更好的决定。但是，这种将做决定的时间拉得过长其实是很危险的，它很可能会成为失败的潜在根源，所以，最好是趁着年轻做出决定，就算是一个错误的决定也强于无所事事，让大好的年华就这样悄悄溜走。

如果你仍然犹豫不定，不知道自己到底该选择什么职业，那么，你就要尽量融入到一个能够激发志向的氛围当中去，和那些实干家，那些能够令你意气风发的人在一起。你还要多读一些好的、励志的书籍，读一些和著名的探险家、发现家、发明家、科学家、政治家、作家、艺术家、音乐家等有关的人物生平传记。许多伟大人物的自传唤醒了无数年轻男女的新志向，让千千万万的人从此走出困惑，坚定了自己的信念。

再没有什么能够比伟人的生平事迹更能起到激励和鼓舞作用的东西了。有许多穷苦的孩子，原本认为自己没有任何机会接受教育或拥有自己的事业，然而，当他们读了一些具有伟大思想的人所亲身经历的事情，知道了再大的困难也没能阻挡他们取得成功的事实后，就会不由得问自己，“我为什么就做不到呢？”也就是从那一刻开始，他下定决心要去拼搏。或许，若不是这些催人向上的书籍起到了激励人奋发向上的作用，他可能仍在怀疑自己的能力，永远也不敢尝试任何值得去做的事情，更不可能靠拼搏取得成功。

一旦下定决心，你就要立刻开始行动。不要让时间将你的欲望和理想冷却下来，拖延因循的习惯是创造力的宿敌，它打消我们立刻行动起来的决心，它让我们和成功之间的鸿沟随着时间的流逝而日益加宽。就算是面对同样的障碍，年轻人有种初生牛犊之势，而渐近中年之人则是瞻前顾后，我们越是害怕困难，困难就越强大。理想一旦偃旗息鼓，人的做事的能力就会因搁置而麻木起来，年轻人眼中没什么大不了的事情，在中年人看来就成了一座翻不过的山。充满热情的学生，满是激情与希望的年轻雇员并没有意识到，如果他从不刻意提醒自己，那么，他的年龄越大，理想就越暗淡，他的热情也会渐渐耗尽，他的志向会越来越遥远，一直到有一天，他会到了一个几乎不可能开始创业，年轻时的决定根本不可能实现的年龄。

我们生活中的志向在很大程度上就是一种想象，是一副作家或艺术家笔下的图画。刚开始时，景致十分的清晰，对比鲜明，线条明显，但是，如果一个人没有捕捉到最美的一瞬间，并把它表现在素描纸或油画布之上，接下来的每一笔就会失去新鲜感和实效性，这幅画也就不值得继续画下去了。

如果你只有理想，而不去将自己的计划或目标付诸实践，那么，就算是再坚定的决心，再坚强的意志也不会让事情取得半点进展。实际上，计划、决定去做某件事情，不论这件事多么重大，只要你不去行动也会令自己能力下降。这就好比你可以站在体育场旁边，一辈子看着这些比赛器械，然而你永远不会因此而变得强壮。滑轮和吊重、哑铃、双杠这些健身器材只有在你使用它们时，才会塑造你的肌肉。同样，你只有实实在在去从事一件事情，你的各种品格才会得到发展，你的男子汉气概才会真正得到锻炼，你的志向才能得以力量的支持。

未付诸实际行动的理想就像是未得到应用的知识。

在许多大学毕业生看来，光是拥有知识便能够确保他们的进步。但是，知识只有在得到应用之时，才能真正转化为力量，否则，充其量不过就是一些信息与记忆而已。人的理想和知识一样，只有当你使用之后，它才会变成力量。它或许永远存在于你的记忆当中，对你毫无帮助，除非你完全消化吸收了它们，通过实践，让它真正成为自己的一个部分。

一定要留意你最初的理想，它预示着你有能力做成、实现的事情，但是一定要记住，等待拖延的习惯能够将一切毁于一旦。

实现理想，以及让人能够不断获得更大成就最大的潜在敌人，就是在获得了一点点成绩后，便开始放松自己，不再像过去那样努力。一个年轻人处在对自己的未来不十分确定的情况下，他会去奋力拼搏，因为他无法肯定自己的力量和实践动手能力。当他处于为自己的未来打拼之时，他永远不会松懈自己的努力。但是，还有一种品质更为稀有，那便是当一个人获得了巨大的成就之后，在他感觉自己已确立了牢固的地位之后，仍然能够像原来那样坚持不懈，全力以赴。这也正是为什么有那么多的艺术家很难超越自己第一副杰作的原因；这也正是为什么有那么多的律帅在名不见经传的情况下，凭借自己几个月来夜以继日对案件进行分析研究、准备，从而成功打赢第一场很大的官司后，却无法将这种势头继续保持下去，并因此而懊恼不已的原因；这也正是为什么有那么多的作家始终无法超越自己的成名作，对自己感到无比失望的原因。能够从容面对潜在的嘲弄，努力摆脱平庸和失败需要付出太多的努力，通常需要你付出最多的辛劳，没有坚持不懈的努力，就不会有源源不断的成功。

我们要时刻牢记，自己应该做出一番大事业，我们来到这个世界上的目的是要为人类做出贡献，为我们的民族奉献自己的价值，我们被安排在这里是要让事情向好的方面发展，让这个世界更加美好，能够让人类生活得更加惬意。这种思想可以为理想提供源源不断的动力和支持。

一个崇高的生活目标要比坚持理想更为重要，同时它也是让人永葆健康和青春的有力武器，他可以预防一个人未老先衰。一个人运用自己各种官能去完成一项重大的使命的人是快乐的人，满足的人，他的思想是充实的，所以绝不会生锈，也不会失去活力。让一个人保持年轻的，正是他 / 她的思想。

人们往往会嘲笑那些异想天开的年轻人，但是我们不应该忘记一个事实，所有成就大事的人都是从一个伟大的梦想开始的，都曾将目光固定在一个很高的目标之上，这些目标在当时看来根本是不可能实现的，甚至是愚蠢可笑的。

让生活中伟大的目标时刻浮现在大脑里将会给一个人的日常工作带来很大的影响，因为一个志向远大之人必然会将每一天都当作是为自己的事业奠定基础或添砖加瓦，他知道，如果基础打不好，或者有哪一块混凝土质量不过关，或形状不符合标准，受到了毁损或破坏，那么，他事业高楼必然也会受到影响。

一切事情都取决于一个人生活中理想、动机的质量。一个动机无聊、庸俗的人永远不可能成为一个了不起的人，伟人需具备高尚的动机和远大的目标。

一个志向高远的年轻人脸上的神情和言行举止便会让一切不言而喻，你可以从他的谈话中，他的行为中感觉到这一切。你可以从他语重心长的谈话中看到这一点，这便是生命的辉煌之处。

我们绝对不可能高估远大理想对于一个人个性的影响，它给人以傲骨，不会让人卑躬屈膝，它让人厌烦平庸、普通。理想能够消灭甘于平凡的想法。生活中有了一个远大的理想、一个的占主导地位的目标会在最大限度上激励我们的志向，给脆弱的灵魂以鼓励，让他们摆脱各种不良的影响。

当我看到一个年轻人的思想境界总是在不断提高，总是能做得更好，总是努力要拓宽自己的视野，总是努力要多学点知识，通过各种渠道孜孜不倦地吸收知识时，我就知道，他是一块胜利者的材料，因为有了这种志向的人必定会在其他方面也取得辉煌的成就。一个不断追求上进的人是一个不断成长进步的人。他不会有片刻的耽搁与后退，也不会等着让别人抢了自己的风头，他有自己的一套计划，并毫不犹豫将它付诸以行动。

精明强干、头脑聪明雇主们把人性看的很透彻，他们在提升一个人的时候，并不十分看重他过去的成绩，并将它当作未来发展潜力的依据，他们希望看到的是这个人身上还有多少发展空间，他最终能够到达什么程度，他是否已经快要接近发展极限了。一个经验丰富的伯乐知道如何来衡量一个人的潜力。有时候，老板将晋升机会给了年轻人，而不是其他那些众所周知拥有更多技术和经验的人，这难免会让每个人都大吃一惊，但是，精明的雇主总是把眼光放在有潜力的人身上，他们的衡量标准不是这个人已经得到了什么成绩，而是他有多少潜在的发展空间。

有那么多雇员从来都没能到达一定的高度，其中一个原因就是他们从不努力向上爬。他们从未很好地培养过自己的理想，从来没有充实过自己，不断完善自己，好让自己的理想之火更旺盛。据我自己的观察，一个早年时期便失去了理想的人就会从早年开始衰退，就会出现各种个人衰退的迹象，随着志向的消失，一个人的力量和气概也会逐渐减弱。另一方面，如果一个年轻人一直都让自己的理想之火熊熊燃烧，一直捍卫着自己的理想，那么，他必然是优秀出色的人。那些听之任之，没过多久理想之火就已经渐渐熄灭的人永远也不会取得成绩。我曾和许多年轻人有过交流，他们都很自信，认为自己至少也能成为州长，甚至还有可能入驻白宫。但是这些年轻人并没有拿出什么实际行动来支持自己的理想，如今，他们一事无成，对这个世界没什么大的用处。

不论你的才华天赋是多么显著，多么人尽皆知，但如果你没有不停地利用它，也是枉然，它最终会逐渐消失。大自然的法则“不进则退”随处可见，我们无法逃避它也无法忽略它，不论是理想、才华或是埋在地下的一粒种子，都将亘古不变地遵循这一法则。所有闲置不用的，不用心料理的或者不去好好培养的东西，都会逐渐倒退、衰败。

即使是果实最为甜美多汁的橘子树，如果完全不去理会它，任凭杂草与灌木在其四周生长，同它一起抢夺土壤里的养分，那么，用不了几年的功夫，它就会退化到野生状态。

任何的水果、鲜花与蔬菜都和这颗橘子树是相同的，人类也不例外。如果一个人总是自暴自弃，久而久之，他便会退化成为野蛮人。就算我们的各种精神功能已经得到了高度的开发，但是，如果没能充分利用，吸收来自其他人的信息，也会迅速出现倒退，甚至会倒退回到动物的层次。

据说，在学校教育的作用之下，印第安男孩和女孩的进步之大简直令人咋舌。刚入学时候拍摄的照片和毕业时候拍摄的照片简直天差地别，几乎认不出来是同一个人。他们的脸上洋溢着智慧和自信的表情，这一切均来自于他们经过文化熏陶和改良后所取得的优异成绩，更崇高的理念和人生观就写在他们的脸上。然而，他们中即使是那些最聪明，最有才能的年轻人在返回印第安居留区后，迅速退回到了最初的状态，又返回到了印第安人的那一套习俗当中，又同居住在他们周围的那些印第安人处在同一个阶层了。他们渐渐丢弃了自己文明的衣着与举止，重拾印第安方式和印第安人的生活习惯。

在一次大学毕业二十五周年的同学聚会上，有一位同学留给了我深刻的印象。上大学的时候，他曾是同学当中衣着、举止和仪态方面的典范，但是后来的他却在各方面退化到了令人难以置信的地步，从他身上根本就看不出曾经接受过大学教育的痕迹。他的头发长得很长，且稀疏凌乱，还有点打结，满脸络腮胡须，指甲似乎自从离开大学就再没有修剪过，总体上给人一种不整洁的感觉。他的衣着寒酸而邋遢，他的谈吐、举止和仪态同他的着装同样马虎、邋遢。实际上，他似乎早已丢掉了大学中所得到的一切东西。我已经丝毫感觉不到他在上大学时的种种优势，和大学生身上所特有的气质了。

在和他谈话的过程中我才明白，自从毕业后，他就回到了家乡落后、破旧的农场，一头扎进了农场的工作中，不再有任何向上发展的意图，不再进一步提高自己在大学中所学到的知识。他已经几乎与整个社会隔绝了，她身上已经具有了同自己整天打交道的土地的性质，粗糙、僵硬、粗笨。他的理想早已不复存在，面对自己和老同学之间在外貌上、生活标准上、精神面貌上、思想境界上的巨大差异，他丝毫没有感觉到难过和窘迫。

许多事情对于理想而言，能起到鸦片般麻木的作用，让理想沉睡，在理想之上覆盖了一层薄膜，让它与新鲜事物隔绝。喜欢过安逸、闲散的生活，生活在浑浑噩噩度日的环境中，喜欢不劳而获、各种恶习、生活放纵、不良的或不规律的生活习惯等等，许多有毒而诱人的东西都在随时等待着，伺机将我们拖下水。

很少有人意识到这些东西具有多么大的危害，能够在多大程度上削弱一个人的志向，降低一个人的生活标准。每年都有数不清的年轻人带着满腔热情去中、小学和大专院校接受教育，努力工作去开创辉煌的事业。但是有的学生在毕业之后就松懈下来了，他们似乎认为自己能够将大学里学到的东西全部保留，他们的学业已经彻底完成了。但他们并没有意识到，实际上他们才刚刚开始。他们高估了自己拥有的一切，让阻挠自己进步的敌人悄悄溜了进来，那么，再过十五年、二十年或三十年之后，这些悲哀的年轻人会变生什么样子呢？恐怕他们中谁也未曾想到过自己最终会沦落到失败大军中去，他们中恐怕不止一个人期待过成功，梦想过有一个光明的未来、美好的家庭生活和一份像样子的事业，他们都是带着对未来美好的期待上路的。当他们踮着脚尖站在实际生活的门槛前不停地张望时，眼前的景象充满光明和希望，他们中许多人期待着能做出一番大事业来。但是，他们竟然会倒退到如此地步！他们的退步是在不知不觉中发生的，他们的理想是渐渐磨灭的，这种变化是如此的微小，以至于并非每个人都能感觉到自己是在走下坡路。说到头来，他们期待明天会更好，他们相信自己的未来会更好，但是他们却没有付出过任何努力，或者没有付出全部努力，而是让这份理想随风而去，让自己身上那种能够在未来实现理想的品质一点点流失。

每每想到你的生活或许会像那些懦弱的，放弃理想的人一样毫无意义、苍白无力、贫困潦倒，你就会不寒而栗。但是，如果你能紧握自己的理想不放弃，这一切也就无从谈起。但是，究竟有多少前途远大、有才智的毕业生在二十五年后仍然还会像今天一样不断进取、进步？说不定有相当大的一部分人已经到了平庸之人的行列，甚至沦落到了失败大军的行列中。你坚决肯定，自己绝不会是他们中的一员。

但是人毕竟是世俗之人，光有乐观的生活态度是远远不够的。对于我们一直以来所推崇的最正确的、最为乐观的生活态度而言，就连基督本人也未尝能够做到尽善尽美，因为他也未能够实现自己的理想，让人类不再失去抱负，不断退步、失去希望，成为一个失败者。

盲目的、方向错误的乐观是愚蠢的行为。造物主为我们定好的计划是一个乐观的计划，没有实现它是我们的错误，他已经赋予了我们实现这一计划的工具，给我们指明了事业通往成功的途径。

理想是其中的一项。它寓于我们身体的每一个细胞当中，上帝赋予人类向上的本能，对年轻灵魂的渴望是上帝在督促我们向着目标的方向前进，如果我们向上的理想没有付诸实践，那么，我们便扼杀了它；如果我们没有取得进步，我们便破坏阻挠了大自然体现在我们身上的法则。通常来讲，阻挡我们通往目标的正是我们自身。

世界上最危险的情形便是一个人任凭自己滑向深渊，陷入困境而不去设法自救，努力往上爬。世界上没有万能的力量，即便是上帝也无法帮助那些不肯自助之人。理想抱负只是一个能帮助我们向上爬的梯子，但我们必须保证，这架梯子的每一根横档都是牢固可靠的。

神奇的内在力量

在人的身体中有一种创造的力量，它的作用是永远在进行的，这种创造的力量，不但创造他自己的生命，还在不断地更新生命，恢复生命。但许多人并不知道深入自己的意识内层，去开发那些供给身体力量的源泉。因此，他们的生命往往是枯燥而毫无生气的。

送给
渴望成功的你！

Chapter 15
命运之网
The Web of Fate

希腊有一位笛子吹奏家，
他双倍收费于曾师从二流老师的学生，
理由是，
矫正不良习惯要远远难于培养新的习惯。

查尔斯·狄更斯在谈到自己学习速记法的那段时间时说，“如果没有严格守时、调理、勤奋等习惯；如果没有坚定的意志力让我在当时养成了不受外界环境干扰、全神贯注做一件事的习惯，恐怕永远也不会有今天的我。”

华盛顿从少年时代开始，就训练自己养成将所学的知识应用到实践当中的习惯。早在十三岁时，他就极为认真的态度自愿为别人抄写收据、便笺、交换票据、契约、凭单、租赁合同、地契等诸如此类枯燥无味的文件。他在早年时期形成的习惯在很大程度上为他日后能够成功管理政府事务奠定了良好的基础。

将人定义为“习惯的集合体”其实自有它的道理，因为人的一生的好好坏坏就决定于他/她在儿童或少年时期所形成的各种习惯之上。

威廉·詹姆斯教授说，“如果年轻人能够意识到，他们用不了多久就会变成一个习惯的集合体，他们必然会在尚未定型之前就更加留意自己的言行。任何一件有德行的事情和邪恶的事情，哪怕它再小，也能在人的心灵上刻下一道痕迹。在杰斐逊的戏剧当中，酒醉的里普范·温克尔一次次用‘下不为例’为自己不负责任的行为开脱。不错，他自己可以原谅自己一次，仁慈的上帝或许也会原谅他一次，但原谅他并不等于事情没发生。他身体里的每一个细胞、每一条神经、每一个微粒都知道这件事，并将它记录并储存起来，诱使他下一次再犯其他错误。”

在我们周围不难发现有许多这样的人，他们潜力无穷，却碍于自身的某种或某些不良习惯，使之无法得到发挥，然而他们却并未意识到这一点。他们一生感觉自己怀才不遇，因此郁郁寡欢，因为他们觉得自己距离理想总是那么遥远。他们怨天尤人，责怪命运、运气、机会、以及所有的客观因素，却从来没有想到过自己在早年间就已经成的某种习惯正是导致自己失败的根本原因。

一位牧师在一次教堂会众中，就形成好习惯的重要性一事对孩子们进行了一番演说，他异乎寻常的讲述方式给在场的每一位听众留下了深刻的印象，让他的讲话内容深入人心。他将一个小家伙叫到自己的讲坛上来，先后用不同的方式将他牢牢地捆绑起来。第一次，他用一根棉线在这个孩子周身绕了一圈，第二次使用的是合股线，接下来用了一根细绳子，再接下来用了一根粗绳索，最后，他用一根铁链和一把挂锁将他绑了个结实。当这个被捆绑的小家伙试图挣脱时，他发现棉线不费吹灰之力，但是在他挣脱了第一道绳索后，还有接下来的第二道、第三道，直到最后变成了铁链和挂锁后，他才知道自己已经被困其中，再也无法挣脱了。他用这一系列束缚形象地比喻了一个人身上的各种习惯，有的是能够摆脱的，而有的则伴随终生。

这位牧师对他的演示解释道，“我想，在场的每一位男孩子和女孩子都不会忘记今天我给大家上的这一课，我要告诉大家，一个人的思想、行为、习惯、个性品质和命运之间有着密切的联系。”

一个自由之人和一个奴隶；一个积极向上的灵魂和一个怯懦无望的心灵，其差别就在于后者的习惯开始于一根微不足道的棉线，逐渐升级成为枷锁。

布鲁厄姆公爵说过，“我相信，除了上帝之外的一切事物都称得上是习惯。在这一点上，任何年龄的人，不论他是立法者还是一校之长都不例外。他们通常都会倾向于自己的习惯，喜欢用驾轻就熟的方式做事情，将一切困难归类于离经叛道。如果你习惯于冷静，那么自然就会憎恶放纵；如果你习惯于谨慎，那么，无论是对于孩子或成年人，粗心大意不检点都会被视为最令我们头疼的不良行为。”

从某种程度上来讲，生活本身就是由一系列习惯构成的。想想看，人的一生虽说可以跨越两个世纪，但仍是多么的短暂，能够获得的成就仍是那么少。在习惯的帮助之下，我们在很大程度上就成为了一部自动行为的机器。比如说，如果我们想要走路，我们无需停下来故意去想着走路，然后先将一只脚向前迈，再将另一只脚向前迈。再比如说如果我们想要开车、游泳、起来、坐下或者进行穿衣、洗澡之类的日常事务，我们无需刻意去计划安排自己的肌肉做出不同的运动来完成以上的各种行为，因为这一切行为早已经成为了一种习惯性动作，所以，我们无需多想，自然而然就完成了这些动作。

伟大的演员、艺术家、音乐家、作家和商人所具有的天赋让他们能够创造出绝世佳作，可对于门外汉来说，这一切简直就是不可思议，但这其实也是一种成型的习惯，是一种无休止的重复。一些著名的音乐家淋漓尽致的表演在我们看起来简直就是奇迹，但是这种表演所必备的技巧却来自于每一天连续数小时的苦练，将无数次的重复转变成为了一系列习惯性的动作。

那些只满足于做一个艺术人而不是艺术家的庸才们，他们不愿意付出艺术家所必需的代价，他们不愿意进行无数次的重复练习。相信习惯的力量在很大程度上是艺术家的一笔财富。

不断重复是人类的本能和习性，这种本能和习性在我们睡着时、心不在焉时，以及做出重大行为决策时，都会发生作用。能够正确利用它，并且亲眼看到它为我们带来成就是一件令人感到惊叹的事情。一个年轻人若是能够有系统地形成良好的习惯，那么，他定能够将自己的效率和能力提高许多倍。他可以训练自己的神经系统，让自己养成自觉去做许多事情的习惯，因此，将精力和时间节省下来，去做其他一些更重要的事情。他可以养成一些好习惯，让生活洁净、美丽，也可以养成一些将他送入收容所或救济院的习惯。

不断地重复积极的行为和创造性的思维，直到这种大脑活动的过程成为了一种习惯，这个时候，一个人主要的、具有创造力的、积极向上的个性也就形成了。一个人的思维习惯往往会促成他强悍有力或软弱妥协的个性。如果他具有自信、自我肯定、果断的心态，他必然会变得强壮、富有创造力。如果他思想中潜藏有怀疑、犹豫、不确定、不信任、自卑、自贬、自暴自弃的想法，那么，他必定会成为一个消极、无能的人。所以说，问题的关键就在于他的习惯性思维模式是什么。

我们常听人说起，是命运限定了我们的一切，但真正决定着一个人命运的却是他 / 她的习惯，我们千万不可走入这个观念的误区。我们能够做的就是被自己的习惯、热情、道德取向、心理惯性牵着鼻子往前走。习惯包揽了你生活中的一切，习惯永远不会停止它的作用，无论我们是醒着还是睡着，它都会不停地将无形的绳索缠绕在我们思想上、个性上，一圈又一圈。不论这种习惯最终带给我们的是好运还是噩运，它都会逐渐将我们控制，我们今天刻意去做的事情明天做起来就会轻车熟路，再过一天就会成为在不知不觉中做了的事情。

我们所说的命运之网，其实是我们自己用习惯性思维和行为编织起来的一张网。许多人都在抱怨，为什么自己不成功，为什么幸运的事情总轮不到自己的头上，但他们有所不知，自己这样或那样的习惯形同桎梏一般限制了他们，让他们无法取得自己想要的进步。

威廉·艾伦·怀特说过，“人的习惯性思维便是他的生活态度。他的这种理念会在无意识中影响到他周围的环境。”

谁也无法估计，究竟有多少人毁在了年轻时形成的坏习惯上，比如说结交那些思想低俗、不求上进之人，阅读那些低级不健康的、腐化思想、让人意志消沉的书籍。有数以百万的失败者如果从一开始就养成了良好的习惯，定会取得辉煌的成绩。他们都赞成这样一个观点——“神学所描述的死后在地狱里所遭受的苦难，无论如何也比不过在世之时就生活在我们亲手打造的人间地狱中，是我们错误的方式让我们形成了不良的习惯，不良的习惯铸就了我们不健康的个性。”

不同的人在个人能力和效率上存在着巨大差异，其原因就在于早年间个人行为习惯的培养方面存在差异。在良好习惯中逐渐积累起来的力量会让一个训练有素的人如虎添翼，能让他的生活锦上添花；没有什么专业技能的人通常会贻误自己的工作，生活给他的回报也相对较少。

我们可人为地左右自己的意志，将它用于自己喜欢的方面，尤其是在年轻的时候。我们可以将这份意志力用于培养真挚、诚实的习惯，也可以将它用于养成虚假、不诚实的习惯；它可以让我们成为一个真正的人，也可以将我们变成一个畜生；它可以打造一个英雄，也可以促成一个胆小鬼。它可以坚定我们的决心，让我们不断使出自己的力量，创造奇迹，也可以在我们的优柔寡断和一次次的坐失良机中渐渐消失，让生活彻底成为败笔。它可以对你起到强制作用，直到你勤奋和勇于实践的习惯已不可动摇，直到你再也无法忍受闲散和迟疑。但它同样也可以让一个人无所事事，无精打采，不愿意再去付出努力，让成功成为一件永不可能实现的事情。

赫伯特·斯宾塞说，一个人的性格在七岁以前就形成了，所以一个人年龄越小，习惯就越容易培养。固定作息时间的习惯、规律饮食的习惯、玩耍的习惯、喜欢哭闹或活泼爱笑的习惯、听话的习惯、爱干净或不爱干净的习惯、有系统有条理或懒散杂乱的习惯、敷衍的习惯、玩忽的习惯、尽可能将事情做彻底的习惯或半途而废的习惯，所有这些习惯都可以在一个人很小的时候就培养形成。

在培养年轻人的过程中，我们不可以忽略任何一点小小的细节，因为它很可能就会成为一个人生活中的习惯。要通过日常生活中的点点滴滴让孩子幼小的心灵知道，认真做好每一件事是很重要的，系鞋带也不例外。

我知道有这么一个男孩，他从不系鞋带。他说他不会系鞋带，所以他也没办法，只能随它去。这个男孩没有在应该学会系鞋带的第一时间里学好这件事，现在，他的妈妈可以在五分钟之内教会他如何系紧鞋带，这样他的鞋带就用不着总是散着了。但是，他的妈妈并没有这样做，所以这个男孩还在继续浪费他的时间，每隔几分钟就得停下来摆弄自己的鞋带。

这只是一件小事，但却给了我们许多启示。它告诉我们，习惯是怎样形成的，这个男孩子很可能会形成散漫的性格特征，那么，他在更大、更重要的事情上或许也会表现出这种散漫的态度来。他的妈妈或许并不理解，他或许永远也不会意识到，在第一时间内学会正确做一件简单的事情会对他未来的生活产生什么样的影响。

许多打字员的打字速度上不去，就是因为在刚开始学打字的时候，没有掌握正确的指法。这不仅妨碍到他们的工作，而且还妨碍到他们的收入。同样的工作量，他们需要花费的时间和劳动往往是技术高超的打字员的两倍，而且还要付出更多的精力去达到理想的效果。肯花费心血在键盘上苦练指法的人得到的是指充分利用手指的优势，而那些一瓶不满半瓶晃荡的人却只能用到一两个手指。

在跨出生命中第一步的时候，就学会认真对待每一件事情极为重要，我们从人生的第一步中就能看出这个人到老会是什么样子。

只要看一下一个办公室打杂的年轻人的日常工作情况，我们就不难推断出他日后会成为哪一类型的人。如果他身上已经形成了一些不良习惯，如果他不思进取、工作马虎、懒惰，如果他总是犯愚蠢低级的错误、规避责任、为自己找借口，那么这些坏习惯就很可能会伴随他终身，成为他生命中的一个部分。一个差劲的办公人员、信使、同一个差劲的商人、律师、医生、农场主、机械师没什么大的差别，都是些对自己的本职工作一知半解的人，只能修修补补过日子，永远无法达到成功的人。

阿加西斯教授只要看到已灭绝物种的一块骨头，就能够在脑海中勾勒出这种动物的整体骨架，虽然这种生物早在人类出现在地球上之前就已经灭绝了，但阿加西斯教授仍然能够说出这种动物生活在哪里，如何生活，以及它的一两种重要习性来。同样的道理，今天的心理学家也能够通过一个人生活中的一两种习惯描述出一个陌生人的思想状态，其准确程度令人叹为观止。不仅如此，心理学家还能预测到，如果将这些习惯继续下去，将会给这个人带来什么样的后果。

最能够影响到一个人命运的，莫过于习惯对他 / 她的作用。我们都是自己个人习惯的产物，习惯在延续了多年以后，就会变得难以战胜、压倒一切。许多尚在读书阶段的孩子并没有意识到，一次不认真的作业，一个不工整的字母，或一节没有认真听的课，会让自己逐渐形成难以摆脱的、束手无策的坏习惯，这些悲剧往往会在自己中年时期再度上演，严重阻碍了自己的成功，这条自然规律是很难更改的。幼年时所做的每一件事，包括每一个写下来的字母、每一件想要去做的工作、每一天的学习以及生活中每一个不自觉的行为，这一切既可能是我们的朋友也可能是我们的敌人。在我们前进的道路上，它既可能帮助到我们，也可能会妨碍到我们。

拉格比的一位男孩因字写得太差受到了老师的教训，但是他却反驳道，“有许多天才的字迹比我还要潦草。根本就不值得为这种小毛病担忧。”十年后，他成为了克里米亚的一位军官，他在抄写一条命令时由于字迹潦草，难以辨认，导致许多勇敢的战士为此而丧生。

培养习惯不仅仅是在培养我们未来的生活环境和命运，还有我们未来的自我。

一个受过高等教育和职业培训，一直在努力战胜一切困境的年轻人，接受了一个不是十分适合自己的职位。他丝毫没有想到过这样做会降低自己的理想，会降低自己辨别是非的标准，更令他感到震惊的是，过了一段时间后，人们竟然把他看作是一个爱说谎话的人。然而，他连做梦都没有想到过，自己会养成说谎话的习惯，但是，哪怕再小的一个谎言，不管这个谎言是为了商谈成功还是为了得到一个订单而说，它都会在人的神经、大脑组织中留下一条印迹，还没等你意识到，说谎就已经成为了一种习惯行为。

一位优秀的心理学家说，“将许多次的饮酒累加起来，一个人就会成为一个长年的醉鬼，同样的道理，无数次的练习和工作可以成就一位思想道德圣人，一个科学或文学方面的专家。”

是一个人的习惯决定了他 / 她的个性特征。我们应该牢记，坏习惯的魔爪无比坚固，我们都知道，要戒除已经根深蒂固、已经成为自己生活和生命中一个部分的不良习惯有多难。

有一个故事讲的是丁尼生戒烟的事。当朋友取笑他总是戒不掉烟时，他说，“只要愿意，谁都能戒掉吸烟。”可他的朋友还在继续怀疑他，取笑他。最后，他宣布，“好吧，从今晚开始我不再吸烟。”说着，将自己的烟斗和烟草扔出了窗外。第二天，他无精打采，第三天，谁也不知道该拿他怎么办。那天晚上，他去了花园，捡起散落在地上的烟草，将它们塞入摔破的烟斗中，于是，他一下子又恢复了往日的幽默。从那天开始，他就再也没提起过戒烟的事情。

习惯在初始之时就好比是一根看不见的细线，但是我们每重复一次同样的行为，就会为这根细线加上一根合股的线，一直到最后它变成了一根粗绳子，将我们的思想和行为捆绑得结结实实，动弹不得。

人们常常这样说，“每一次心理活动中，大脑细胞都会做出相应的安排，调整成特定的模式，每重复一次同样的行为，这种模式就会进一步得到加强，就会让它变得越来越容易，直到最后成为一种下意识的行为，在不自觉中不断重复着。人的神经系统有一种特性，每隔一段时间就想要重复某种规律的行为的模式。心理学家告诉我们，许多精神疾病的发作都是有规律的，如果我们在每一天的同样时间段里做同样的事情，我们就会发现，自己到时候就会自动进入这种状态，无需任何准备。”

青少年时期教育和习惯培养的主要目标应该是训练神经和大脑系统，让它们在日后成为自己的同盟军而不是敌人。我们养成的各种习惯影响着我们一生的工作，或者是生活本身，让我们的生活要么成为杰作，要么一团糟。

如果你想要发挥自己的最大潜力，尽可能地实现自己的理想，那么，你就要养成自我提高的日常习惯，即有抱负的习惯，丰富思想、拓宽眼界的习惯，在生活的各个方面不断加强能力的习惯。

就拿读书一事来举例说明吧。想想看，如果我们一直以来都在刻意选择一些最佳的阅读材料，而不是不加选择地碰到什么读什么，那么，这种习惯会对我们产生什么样的影响呢？读好书会对一个人产生终身积极向上的影响熟悉最优秀的文学作品能够迅速对一个人起到影响作用，提高他的品味，它扩宽人的思想面，让人更加心胸宽广，神清气爽，提高一个人的整体才智。

习惯于结交积极上进的朋友也是同样重要的一件事情。如果我们选择的朋友能够激励我们不断进步，如果我们尽可能同那些能开阔自身眼界、促进自身才能的人，那些强于我们的人，那些有更多机会让我们学到知识的人交往，那么，我们就会处在一个永远能吸收到新鲜思想的学校中，在这里，我们会在不知不觉中受到影响，去效仿他们优秀的品质。

我们不能忽视严格要求自己、尽最大努力将事情做好的习惯，有了这种习惯，你会在不自觉中提高能力和效率，这种提高不单单是在事业上，你的个性和成就也会相应进步。

一个养成良好生活习惯的人，一个原则性强的人往往会在生活上表现出高尚的品质。他会在习惯的推动之下，自然而然地过着规范的生活。如果他能够在任何地点、任何环境下都能尽全力做正确的事，如果他已经养成了有始有终的好习惯，如果他因出色地完成自己经手的每一件事而出名，如果他让自己的思想保持纯洁高尚，让他的心胸开阔而慷慨、无畏而诚实，如果他总能保持向前看的势头，那么，他定能成为一代伟人。他生命中的每一天都将为美德写下新的篇章，他将在各方面取得全面的成功。

如果你不具备从小养成的良好习惯的优势条件，反而在年轻时或中年时沾染上了一些不良习惯，那么，你要么就下定决心彻底摆脱恶习，要么你就放弃获得成功的机会与可能性。

克服长期形成的习惯的确不是一件容易事情。但实际上，已经有千千万万的人最终战胜了几乎毁掉自己生活的不良习惯，他们不论是什么性别，年龄多大，但都用实际行动证明了他们能行。潜藏在我们心灵深处的神圣的力量永远都强大于有害行为与习惯的力量，不论它曾多么肆无忌惮地控制着我们的生活。

对于大多数想要摆脱不良习惯，培养良好习惯的人们来说，最大的问题就在于他们并不知道该如何来使用这种神圣的力量。他们没有意识到这种潜在的力量，对于意志力的使用程度尚未到达一半。意志力是上帝赠与我们的一根杠杆，有了它，人类便可以上升到和上帝同样的高度。有的人的决定是软弱无力的，苍白的，他们并没有在这份决心中投入足够的精力和力量。

著名的戒酒演说家约翰·高夫凭借着自己钢铁般的意志改掉了饮酒的习惯，他有一次谈起了一个朋友是如何彻底摆脱吸烟这个几乎毁掉他健康的习惯的。

高夫先生说，有的时候，“再吸一根”的欲望令他痛苦不堪，他只能去咀嚼洋甘菊、龙胆、甚至牙签去缓解烟瘾带给他的巨大折磨。在他感到最困难的时刻，他买了一支烟，将它放在口袋里，不是去咀嚼它，而是让它和自己做个伴。诱惑是如此强烈，他忍不住将烟卷从口袋里掏出来，嚼上一口。但是，在他将烟卷放入嘴里之前，他心里产生了一种神圣的冲动，他盯着这支烟看了一会儿，这时候，他强大的意志力帮助了他，于是他将烟卷扔掉，大声呼喊，“你只不过是一株烟草，而我是一个男人！如果我下了决心，我就能战胜你！”

通过不断使用自己的男子气概，自己的意志力，他的确战胜了烟瘾。

你要对任何妨碍你、阻挠你进步的习惯大声宣布，“我是一个男子汉，我发誓我要战胜你！”要坚信自己的力量，不断对自己说，“我的身上有一种神圣的力量，上帝在创造我的时候，就早已经为我贴上了和他同样的标签，所以只要我不主动放弃，就定能够战胜这些事情。从现在起，它不会再有任何力量，我是自己的主人，我的习惯由我自己说了算。除了对我有帮助的习惯外，我不会容忍任何不良习惯。”

世界上有这么多人无法改掉严重损害到自己阳刚之气或阴柔之美的坏习惯，让他们无法前进，一个原因就是他们并未使用到自己的意志力，或者他们只不过打算在某个特定的时间段里放弃这种习惯。

现在，只有一种方法可以彻底扼杀坏习惯，也就是说要切断一切支持坏习惯的来源，让它彻底消失。对于坏习惯我们决不能心慈手软，要逐渐同它彻底决裂，要勇敢自信地打击敌人。你要按照威廉·詹姆斯教授所提议的方式，将自己从陋习中解放出来，重新培养一个良好的习惯。

他说，“我们必须要小心谨慎地、尽可能想办法同过去养成的习惯作斗争。我们必须尽可能利用能够加强良好动机的外在环境；我们必须坚持不懈地鼓励自己开辟新的方法；我们必须下定决心不与旧事物为伍；我们必须利用各种有利渠道让自己更为坚定。这一切将会给我们的新开端带来一个良好的势头，让我们尽可能地坚持自己的决定，我们只要多坚持一天，中途改变的可能性就会更小一些，只要我们能一直坚持下去，改变决心这类事就永远不会发生。然而，在新的习惯形成之前，我们决不能对自己破例，每松懈一次就相当于让一个小心翼翼绕了半天的线团掉落在地上——一次松手的代价就是重复绕许多圈。”

这便是习惯的自然规律。只要稍一放纵，坏习惯很快就会重新在你身上发挥威力，将你牢牢控制。要想彻底摆脱，唯一的一种方法便是下定决心退出，以后同对你有害的东西再没有半点关系。如果你认认真真去执行自己的决定，并切断自己所有的退路，那么，这种坚决的态度定然会唤起你潜在的强大力量，虽然你很可能它的存在一无所知。但是，只要你还心存一丝侥幸，认为如果旧的习惯实在是难以抗拒，不妨稍稍放纵一次，那么，你战胜它的概率就会大大降低。只要你姑息自己的敌人或者是向自己的敌人妥协，你就无法完全得到这种伟大的力量源泉——潜藏在你内心深处的神圣力量。

不论诱惑有多大，你都要告诉自己，你憎恶毁掉你生活的事物，那么，你潜意识中的自我将会听从你的建议，即使在你睡着时，你的不知疲倦的同盟军仍然在为你工作。波士顿伊曼纽尔运动的领导人埃尔伍德·伍斯特博士说，他已经帮助许多孩子克服了坏习惯，方法就是当孩子们处在睡眠状态时，给他们的大脑提出良好的建议。

他说，“我的方法就是用温柔低沉的声音告对睡眠中的孩子讲话，告诉他，我有话要对他说，然后，他就会听我说。但是，我的话既不会打搅孩子睡觉，也不会将他吵醒。接着，我就把我要说的话讲给他听，用不同的表达方式重复几遍，通过这种方法，我已经让许多孩子克服了儿童期特有的害怕，让他们改掉了许多坏习惯。我能够让孩子们不再说谎话，也不会再因此而紧张、抽搐、愤怒、使用暴力、失望，我还改善了口吃儿童的表达能力。”

在你晚上入睡前，当你早晨醒来时，以及在白天的多个时间段里，你都可以不断提醒自己的潜意识，你才是自己的主人，任何不良的习惯都休想征服你。告诉自己，“我是征服者，不是被征服者。我身上有一种神圣的力量，我绝不能成为坏习惯软弱、可怜的奴隶。作为上帝之子，我拥有聪明的大脑，我是一个男子汉，强壮、成功、快乐，能够自由支配自己的意志。我能够掌管自己的灵魂、自己的身体和自己的生活。获得成功是我与生俱来的权利，没有任何陋习可以将它从我身边夺走。”

每当你酗酒、吸毒的习惯，或者其他一些恶习对你说，“再喝一次吧”、“再吸一次吧”、“再来一次，就彻底抽身”时，你要大声对自己宣布，你不想再要这些东西了，它们是你生命和成功的敌人，他们损耗你的精力、影响你的工作、毁掉你的事业，这样一来，你就可以驱走这些不好的欲望。你要告诉自己，“我不需要这次饮酒，他已经是毒害我身体的敌人了。”“我不会再沉溺于这种可怕的毒品中了，它会让我生命的源泉枯竭，让我永远也无法成为一个真正的男人。如果我仍然陷入这些恶习中难以自拔，我就不可能实现自己最大的价值，也不可能过上美好的生活，我要永远和他们说再见，重新找回我自己。我在这里要宣布自己继承了造物主赐予我们的神圣力量，这种力量让我有能力打败一切有损于男人气概、阻碍我成功的敌人。这种圣洁的力量就孕育在我身体中，上帝同我在一起，我能够实现自己的理想。我能，并且愿意克服一切阻碍我进步、削弱我的个性、让我丧失气概的困难。”

很少有人知道，自我建议、强烈的自我宣言有一种巨大的创造性力量，“我”、“我是”、“我能”、“我要”是一种充满了热情与信心的自我肯定。但是，凡恰当应用过这种方法的人，从来没有怀疑过它的效果，再顽固的恶习也敌不过一个人坚强的意志。

不论你已经形成了什么痼疾，也不论你的意志多么薄弱，无法克服它，你都能够从自己身上找到战胜它的方法。或许你的习惯危害极大，或许你仅仅有些在某种程度上有碍于发展的小毛病，但不论是什么，你都能摆脱它。只要你能够发掘出潜藏在自己内心深处神圣、崇高的力量，你就能将自己的弱点转变成为强项，你就能把阻碍成功和幸福生活的敌人转变为自己的帮手。

成功之门的钥匙

许多人之所以在社会上无所作为，是因为他们贪图省事，或是缺乏自信，不敢照着自己的意志去做。东问西访，事事要经他人的同意认可，才敢决定。一个人不敢表现自身的潜力表达自己的意见，实为人生的奇耻大辱。

送给
渴望成功的你！

Chapter 16 发达的日子

The Open Door

无论你现在多么贫穷，
但如果你抱有良好的心态，
相信富有是自己与生俱来的权利，
贫穷终将会远你而去，
那么，你定会有发达的一天。

“看哪，我为你打开了一扇门，谁也不能将此门关闭。”

下次当你感到忧伤抑郁时；当你感到生活似乎举步维艰时；或者当你看到自己深爱的人极度缺乏生活资料，但你却无能为力时；当你认为命运对你不公平，所以你憎恨厌恶生活时，你不妨想一想上帝对你许下的这条神圣的承诺:“看哪,我为你打开了一扇门,谁也不能将此门关闭。”

这扇为你打开的门意味着你走出困境的出路，意味着一切问题的解决方法，这是一扇造物主为我们而开的大门，任何人都不能将它关闭。这个承诺并非只许给少数他所偏爱的人，这个承诺是许给每一个人的。上帝为你打开了一扇门，而你自己是唯一能够将这扇门关闭的人。

生活资料是最让人类感到头疼的一件事情。在我们所焦虑、所害怕的事情当中，有很大一部分和谋生有关，它是我们所面对的最严肃的问题之一。但是，如果我们不再无知，或者能够建立起一些适当的社会、经济组织，情况可能就会大不一样。虽然我们被财富所包围，但赚钱谋生问题却仍然让为数众多的穷人所堪忧，甚至害怕。

地球上有丰富的资源，只需要利用其中的一小部分，大多数居民的日子就一定会比今天过得更好。

实际上，这个世界上根本就没有完全赤贫的地方，也就是说，在这个地球上，就算是在最贫瘠，看似最为荒凉的地方也有潜在的财富存在。如果人类知道如何去开发，即使是撒哈拉大沙漠里也很可能蕴藏着宝藏。如果能有丰富的水资源，最荒芜的沙地也会成为伊甸园。

这个世界上绝大部分的贫穷与苦难不仅仅是由于人类的无知所引起，更多的时候，是由于人类的自私、贪婪，不愿同他人分享、不公平地对待他人的辛苦劳作、各种急功近利的行为所导致。地球上有大量的财富等着人们去开发，而大部分上帝之子却在为谋生问题感到烦恼、困惑、不快乐，这可真是一件匪夷所思的事情。

在这个世界上，大量的财富被少数人聚敛，而其他人则终日里埋头苦干，却仍然难逃饥寒交迫的命运，这样的事情当然不合理；少数人挥金如土，骄奢淫逸，而芸芸众生则饱尝缺衣少食的痛苦，这样的事情当然不合理；成千上万的人从来没有靠自己的劳动创造过任何有价值的东西，却在肆意挥霍着别人用汗水换来的财富，这样的事情当然不合理。人类被丰富的自然资源所包围，这些资源足够让每一个人都过上舒适幸福的生活，然而，却仍然有人在不断忍饥挨饿，甚至连最基本的生存必需品都没有，由此可见，有些事情的确从根本上不合理，从根本上助长了我们的无知，支持了我们错误的经济结构，滋生了人类的贪婪、自私和不公正。

问题的根源就在于我们并不信任上帝对我们许下的承诺。

我们只是在不断在重复这几个词，但我们从来都没有理解它要表达的真实含义。我们认为这种承诺好得简直让人无法相信，就好像每次听别人说起天上掉馅饼的事情一样，感觉“太好的事情不会是真的”。我们认为这种承诺也只不过是昙花一现，因为美好的事物都是短暂的，也就是说，在我种程度上，我们总认为这个承诺根本就不属于我们。

前几天，我对一个抱有这种观点的人说：“朋友，你现在最大的问题是你根本不相信好的事情会发生在自己的身上，你并不相信自己有一天会发达起来，拥有富足的生活。自从我认识你以来，你就一直出于勉强度日，只是能糊口的状态中，在你看来，这样过日子是一件理所当然的事情。但你的想法恰恰是错误的，上帝想并不希望自己的孩子过着这样的生活。这个世界上丰富的资源足以让每一个人类获得幸福，生活富足，贫穷只存在于你的思想中。就算是满足了每个人的需求，地球上的资源也不会因此而枯竭，可你为何还要认为你所需要的那么一点点财富是在痴人说梦呢，你为何还要抱有这样的愚蠢想法呢？对于上帝的孩子而言，再好的事情也不为过。”

有一个新英格兰的人，也属于这种类型。最近他对一个朋友说，他正在为自己的老年生活做打算，他现在节约，目的就是希望自己将来不至于成为一个“穷苦不堪的老头”。他并没有希望拥有舒适的生活，只是希望能有一个栖身之处，能够填饱肚子足矣。

在他眼中的未来是黑色的、沉重的、不快乐的，只不过就是一副苟且偷生的景象，而不是生活的场面。有人问他，你为什么不努力去储备一个快乐、非常舒适的老年生活呢？他回答道，“唉，那又有什么用呢？我知道舒适的生活并不属于我，如果我能想办法走出贫民区，就已经是万幸了。”

不幸的是，教堂在无意中为人们灌输了一个彻底错误的财富观念。几个世纪以来，基督一直被描绘成为一个愁苦、贫穷、苦难重重的男子。“狐狸尚有三窟，天上的鸟儿亦有巢穴，可人类的孩子却找不到可以安睡的枕头”、“有钱的人进入天堂要比骆驼穿过针眼还难”，诸如此类的说教是人类长期以来耳濡目染的东西，所以，千千万万的人都认为，拥有大笔的财富是一件错误的事情，是自私的表现，是在无视这个世界上的一切苦难。曾经有一度时期，太有钱的人总有种深深的罪恶感，有钱人被看作是不诚实的人，人们认为有钱人不可靠，不能将公众事务委托给他们。

不论是在哪个时代，总有一些人痛恨财富，将它视为腐化道德、与人类崇高品质格格不入之物。这些人其实是混淆了富有与贪财之间的差别。

今天，我们正在学习如何正确区别这两种情形。社会最大的目标之一就是杜绝贫穷以及伴随贫穷而来的种种罪恶。我们知道，金钱并非罪恶之源，它其实是为人类谋福利的手段，只有那些思想邪恶，挥霍滥用金钱的人才是不道德的人。同样的道理，我们不能仅仅因为有许多人滥用药物，用它来谋杀或自杀，就去指责它或禁止医生用它来恢复人们的健康。

造物主已经将支配这个世界的权利赋予了全人类，而不是特殊阶层的人，这是一个到处充满财富的世界，一个具有无限发展潜力的世界。因为总有一些人无比贪婪，为了垄断这个世界上绝大多数的财富，不惜损害到他人。这些人绝不会承认一个事实，即造物主所给予我们固有的权利，我们有权拥有快乐，拥有舒适美好的生活，因此，他们才要摆出一副面孔，让我们觉得拥有这一切是在蓄意不轨。

一个人即使是从没见到过鱼在水中游动的样子，他也会明白，鱼鳍只能在水中发挥作用，在空气中毫无用处。实际上，鱼的整个身体结构都表明，它只能生活在水中，绝不能生活在空气中。而人的整个身体结构则表明，人生来就是要征服大自然，主宰周围环境的，人绝不能被大自然征服。贫穷并非人类的自然属性，我们身体中的一切都在同它抗争。我们憎恨贫穷，我们深知，贫穷阻碍我们的发展，削弱我们的潜能，它会让我们成为一个侏儒，而不是成为一个巨人。

一个失业的人，忍受着各种身体或精神残疾的人，是时刻处在恐惧中的人。因为他们不知道另一扇门为他们而开的门在哪里，因为他们不知道什么时候自己最爱的人就会需要自己的帮助，这样的人绝不可能利用和开发上帝赋予他们的潜能。如果一个人满脑子想的净是些和贫穷相关的事情，前怕狼后怕虎地过日子，那么，他绝对不可能将工作吸引到自己身边来，更谈不上赚到钞票之类的事情了。一个被欲望统治的大脑绝不会是效率高的大脑。

如果一个人总是害怕失败，总停留在欲望的心理阴影中，或者确实受到了欲望的困扰，心情极为压抑，那么，他的整个精神状况就会表现出萎靡不振，思想就会变得消极，就会失去创造力。一个沮丧消极的人什么事情也做不成。要想有能力应对一切突发状况，找到解决办法，我们首先要让自己的思想到达一个积极活跃的层面，要抱有希望和愉快，要满怀信心和期待。如果一个人总能保持这样一种思想状态，浑身散发出自信和积极的气息，那么，他必然会带着目标去做计划，必然会开创新的局面。

哥伦布之所以发现了美洲大陆，并证明了地球是圆的，就因为他是一个积极勇敢的人。当其他水手警告他，他最终会驶向海洋的尽头，然后掉落下去时，是他的信心给他以力量，让他穿越了一切尚处于未知状态的大西洋。如果一个人坚信，定然会有一扇门是为自己而开，这扇门通往光明，让他摆脱饥饿与黑暗，那么，谋生问题将不再让他感到害怕。

“看哪，我为你打开了一扇门，谁也不能将此门关闭。”这是上帝给我们的神圣承诺。造物主为每个人打开了一扇门，而唯一能够关闭这扇门的人只有他自己，再恶劣的环境也无法做到这一点，任何灾难、失败、战争、火灾或水灾都无法将这扇门关闭，唯一能够将这扇门关闭的，只有不信任、没勇气和不相信上帝。

我们都听说过这样一些男性或女性，在这个世界上，不论情况多么不利，条件多么艰苦，任何力量都无法长时间困住他们，让他们沮丧。他们就像哥伦布一样，任何事情都无法令他们丧失勇气，再大的不幸、再可怕的困难也无法关闭前方那扇为他们而开的门。每一天都有无数勇敢的灵魂用自己的信念与勇气克服重重障碍，用事实来证明这个承诺的真实性。

我要讲一讲这样一位女性。

一直以来，这位女性都过着富裕豪华的生活，但是，当丈夫失去了健康和财富之后，她发现自己几乎什么都没了。日子一下子拮据起来，这个几乎从来不知道工作是什么滋味的女人不得不亲自动手做家务，不仅如此，他还得想办法增加家里的收入，否则日常的生活开销就难以维持。

她是一位具有艺术气质的女性，家务事情对她而言根本就是又苦又累的活，尤其是下厨房，对她来说实在不是滋味。但是她已经下定了决心，一定要忍受这些自己所无法忍受的东西，而且还要心甘情愿地忍受。有了这种精神，她决定让这些工作更具科学性，如果可能的话，这样还能够增加一点收入。有了这样的生活目标，她开始学习食物的营养成分与化学特性，以及它们的营养价值。她深入研究人体各个组成部分的器官组织，了解它们的性质和功能。她按照不同的人群的需求，将食物分类，其中包括为儿童骨骼、神经系统生长发育提供需求的最佳食物、最适宜已经停止生长发育的年轻人的食物、预防血管硬化以及器官老化，能够保持青春的最佳食物。实际上，她已经将自己培养成了一位营养饮食专家，一位通晓全部食品问题的女主人。她的这份活力不仅为她带来了健康，还为她带来了士气、成功和幸福。

她的研究和学习为自己开辟了一个广阔、神奇的知识领域，给她的生活赋予了全新的意义。她让平凡乏味的厨房变成了一个神奇的世界，一个妙趣横生的科学仙境。刚开始时她视为乏味劳动的体力活竟然变成了无尽的快乐源泉。她发现，这一切不仅仅丰富了自己收入，而且还让她找到了自己的事业，让她拥有了满足感和理想，让她得到了前所未有的快乐。

除了你自己以外，任何障碍、任何困难、任何逆境都无法让上帝的承诺落空。有许许多多的人正在做着这样的事情——自己将这扇门闩起来，却在门外徘徊，想不通这扇门为何始终紧闭，想不通到底是什么将它闩得如此之紧。

如果你认为自己没有了机会，如果你认为在这样一个美丽的地球上，竟然没有任何机会留给你，如果你不试着进入这扇开着的门，而只是坐在那里一味地抱怨自己的坏运气，抱怨自己的苦难，你当然会关上这扇门，你也不会感觉到上帝对你的承诺，因为你并不符合必要的条件。

世界上有这么多的人过着拮据、小气、赤贫的生活，一个原因就是他们总在怀疑、害怕、焦虑，缺乏自信。这样的心态会让他们失去吸引力。有的人在不停地讨生活，却自己奴役了自己。他们总在躲避朝他们迎面而来的好东西，如果他们不认为自己在这个世上除了贫穷，一无所有，那么，这些好东西早就是他们的了。这样的人随处可见。如果他们拥有一个正确的心态，大量的财富很可能早已涌向了他们，但实际上，是他们亲自赶走了这一切。

每当我们想到，地球上这种和上帝享有同一形象，集宇宙间一切灵性于一身的生物，只因缺少信心，便落到了肮脏、凌乱、衣衫褴褛、住茅草屋的地步，竟然会饥寒交加、失魂落魄、处处碰壁，这难道不是一件可悲可叹的事情吗？让上帝的形象以穷人的形式出现，这简直是对造物主的侮辱，简直是在给上帝的形象抹黑。上帝让你成为了他的子嗣，你却亏欠了上帝，同时你也亏欠了你自己，你只有改变自己的状况，才能对得起自己的这份遗产。你应该像一个回头的浪子，回到父亲的家中，那里的食物富富有余。那里还有财富、幸福、快乐、成功等着你。当你知道了父亲的宫殿已经向你敞开了大门，邀请你进入时，你还愿意继续吃着粗糙的谷壳，过着悲惨、邋遢的日子吗？

好好看看你自己、看看你的情形和周围的环境吧，记住，解决你一切问题的答案就在你自己的身上，你的信心并非来自于社会。公司、大的信托机构无法阻碍你进步，你的周围的一切都在支持你，帮助塑造你的信心，这和信托机构的成长是同一个道理。你畅游在智慧的海洋里，吸收各种潜在的能力，按照你自己的意愿塑造自己。今天，有许许多多的人，他们外在的客观环境远不如你，然而他们却靠自己的努力改变了自己的命运，并让家人过上了富足的生活。其实，在你所渴望的事物当中，有许多东西是你力所能及的。你同全能的上帝有着千丝万缕的联系，在你的思想、志向、勇气的协助之下，你能够利用一切有利条件来获取自己追求已久的东西。就把现在作为起点，你不需要任何外界帮助，利用你自身拥有的工具，用不了多长时间，你的情况就会产生革命性的变化。

一个拥有七万五千美元年薪的人，他在刚开始时，也不过就是一个穷苦男孩。他说，成功的秘诀之一就是不惧怕贫穷，保持平和的心态。

所以，你不能说自己的起点不好，你只需摆脱恐惧。是恐惧令你无休止地在厄运的魔爪之下挣扎，是恐惧让你无法战胜它。这种恐惧来自于人们错误的认识，总认为自己对谋生问题能力欠缺，害怕自己养不了自己，害怕自己养不了家人。我们其实并不相信，上帝关注着世间一切微不足道的生命，让大自然更加美妙，他也会让我们过上丰衣足食的生活。我们总是在害怕，世界上没有足够的财富来关照到每一个人，所以，必须有人缺衣少食，我们必然是受罪的那些人。这种说法听起来似乎有上帝区别对待他的孩子的意思！上帝似乎并没有为这个世界提供无限的财富！

为什么迄今为止，我们只利用了土地资源或其他资源的皮毛而已，我们似乎对大量有待开发利用的财富一无所知。我们不妨想一下从物理科学、化学领域里不断发掘出来的财富，这些都是上帝带给我们的奇妙恩赐；我们可以想一下电给我们的今天的世界带来了什么，虽然我们还未曾充分深入地利用到它的力量，而它仅仅才是大量未开发的财富、资源其中的一少部分而已。

我们不断在发现新的宝藏，新的资源和能源，然而大多数人却仍然在痛苦呻吟，在哀号奔走，拉长着脸抱怨我们来到这个世上，却不得不终身在贫穷、限制、压抑的条件下生活。不论我们走到哪里，面对哪个方向，四周围都充满了无限的资源，所以，我们应该或者根本就没必要为谋生这种问题担忧。

假如我们所有的可耕种土地都能够像著名的法国市场花园那样得到充分的利用；假如世界的所有农业国家都能精耕细作，那会有什么样的结果呢？谁又能想象得出，光靠土地中生产出的农业产品，就能让这个世界上几百万，几千万年的人过上富足的生活。为什么我们还没有达到潜在的文明程度呢？因为我们自己本身还是没有完全成熟的孩子。我们最伟大的科学家、教育家、化学家，人类当中的佼佼者，就连他们这些人也不过就是海边玩沙子的小孩而已。不论他们创造了什么奇迹，不论他们有什么伟大的发现，在浩瀚的知识星空中，这些都是微不足道的，就算是最聪明的人，无限的可能性对他们而言，仍是个不解之谜。

如果你的父母很富有，住在美丽的大厦里，而你又是他们的独子，那么，假如你一直呆在离它很远的草棚里，整日里要靠谷壳草根，或其他你能找到的东西度日，你会感到满意吗？我们都知道，谁也不会傻到这个地步，除非他疯了。然而，这不正是我们中许多人正在做的事情吗？——创造我们的上帝正等着要把宇宙间的一切好东西给我们，而我们却过着拮据、小气、贫困潦倒的生活。

不再为生存问题担心害怕，永远不用为明天的晚餐而焦急——这是人类最大的愿望。但是我们却面对着一条错误的道路，不但没有朝着这一目标前进，反而和它背道而驰。但是，就在人们走错了方向，每走一步就会距离财富更远，距离贫穷、焦虑、失败更近时，他们仍然不明白自己为何不成功，为何没有发达富有。

我们可以想一下，如果一个人从来都没有期望过单纯生活资料以外的东西，而且总是在谈论赚到足够的钱让一家人过上舒适的生活有多么难，总是在不停地担心，自己所爱的人什么时候会来向他要东西，那么，他会给自己的生活带来什么样的影响呢？这种心态只能将他所担心的东西带给他。约伯告诉我们，他所担心的事情总是会发生。我们所担心的事情之所以会发生在我们头上，原因就是这种担心让我们同它建立起了关系，这和我们所期待的事情，努力想要获得的事情是同一个道理，这是千真万确的。

说到竞争奖学金，我们常常听有些学生这样说，“我打算要竞争奖学金，但我知道，它不会是我的。当然了，我不会傻到认为自己是几百号学生中唯一能拿到奖学金的那一个，但不管怎样，我要试一试，说不定我还可以呢。如果真拿到了，那我太幸运了，如果没拿到，我也不会再去多想。”

在应聘某个职位上也是如此。我们常常听人们说，他们要去竞争某个职位，但他们知道，自己不可能得到它。有那么多竞争对手，自己恐怕连表现的机会都没有，而且，他们也没有那么幸运，会被选中，因为好运气从来不属于他。

这些人并没有意识到，他们这种怀疑和恐惧的表现，以及过多考虑损失方面的事情往往会消耗他们大量的精力，让他们所付出的努力事倍功半。如果他们带着希望、自信、期待获胜的心态去追求自己渴望的事物，他们付出的努力也必然会更多，更坚定。得到某样东西的唯一途径便是全心全意、带着自信、竭尽全力为之付出，只有倾情奉献的球员，才会赢得全场观众的喝彩。如果一个人有所保留，心存怀疑，有所顾忌，犹豫不定，他定然不会全力以赴。

有这么多人忍受贫穷，但贫穷其实是被人们贫穷的想法吸引而来的。在无数的家庭对话中，我们总能不断听到“买不起”、“实在是没办法”之类的内容。“哦，我这也买不起，那也不敢做。今年我们必须想点办法。我们不得不留一点机动的余地。庄稼可能会歉收。明年生意可能会不好。也许会有什么事情发生，我们得节省点。我们要为日子不好过的时候做打算。”

当然，过分的奢侈浪费应该被禁止，因为这样做是在犯罪。对未来有个明智的预料以及合理的理财计划在任何时候都是有必要的，但是，许多人都长期受到这种“我买不起”生活观的影响，这种观点只能滋长人类小气、狭隘、吝啬的本性。

那些总是害怕未来，总是认为前面的航程布满岩石、浅滩、暗礁以及各种危险的人；永远在为坏日子做准备的人已经失去了生活的全部乐趣。他们并不知道这种“我负担不起”的思想是如何让他们变得狭隘，让他们的生活每况愈下的。他们总是不停地想着，并且谈论自己这也买不起，那也买不起；这里也去不起，那里也去不起；买不起书本杂志，也不敢去做任何增加人生阅历，令生活更加丰富多彩的事情。这样一来，不论他们有多少金钱，最终还是一个乞丐。他们就像《芝加哥先锋报道》杂志上一位匿名作者在一首打油诗中所描述的那位“吝啬男”那样——

他从不肯休息一天
因为他觉得休息不起
他从不肯烫裤子
因为他觉得烫不起
他从来不肯离开座位
自由地看看远处的大地
看看这个世界是多么美丽
因为他觉得离开不起

他从没看过戏
因为他觉得看不起
他把对艺术的爱抛在了脑后
因为他觉得爱不起
最后他死了，财产留给了儿孙
但在他长眠的地方
竟然没有一块明显的墓碑
——他的子女认为
墓碑太贵买不起。

这种“负担不起”的习惯比其他任何习惯更能够让人的思想贫瘠、苍白，让人的生活更加狭隘。

这种即便是需要的东西，这也也不能买，那也不能要的思想会日益加重，还没等你意识到，你已经切断了自己的供给来源。不仅如此，你还会落得一个小气吝啬的名声。人们对你不满，认为你达不到现代生活的要求，其实反映出的是你的经商能力。它表明了你的收入比不上其他人，它证明了你对上帝的意图缺乏信任。

《日常所需小诀窍》的作者说：有一天傍晚，卢瑟看到一只小鸟栖息在树上，打算就在这个枝头上过夜。他感慨道，“这只鸟儿已经吃过晚餐了，现在它打算就在这里睡觉，安全又满足。小鸟从来没有为下一顿饭在哪里发愁过，也没有为明天又该在哪里过夜而烦恼过。它就像戴维一样，在万能的主的庇护之下，快乐满足地站在枝头，就让上帝来照顾它吧。”

对于人类的谋生问题而言，这是一则多么富有寓意的故事啊。小鸟从来没有考虑过自己应该怎么做，也没有担忧过自己和雏鸟们的巢穴与食物。它们自然且坚定地认为，天地之间自有它们所需要的一切，事实的确如此。那么，上帝会亏待我们吗？如果我们信任自己所膜拜的上帝，那么，我们还会质疑他的承诺吗？“看哪，我为你打开了一扇门，谁也不能将此门关闭。”

脱离贫困境地的秘笈

贫穷本身并不可怕，可怕的是贫穷的思想，以及认为自己命中注定贫穷，必牢死于贫穷的错误观念。如果你觉得目前自己前途无望，觉得周围一切都是黑暗惨淡，那么你应当立即转过头，走向另一面，朝着希望和期待的阳光前进，而将黑暗的阴影尽数抛弃。

送给
渴望成功的你！

Chapter 17
将胜利写在脸上
Do You Carry Victory in Your Face?

我们只有事事处处取得成功，
才能称自己为人。
永远不要不屑于某些事，
也不要认为自己一无是处。
只要愿意，万事皆有可能。

你知道吗，如果你想要获得一些大的成就，那么你不但要坚信成功是你与生俱来的权利，而且还要用你的表情，你的行为举止，和你的言行将它展现出来。

如果一个人脸上总是带着失败者的表情，那么，他也就不会成为一个胜利者。他不仅要感觉到自己是个胜利者，而且还要把这种感觉写在脸上、用行动表现出来。他必须用自己特有的表情将他的感觉展示给每个人。

人群当中，我们很容易就能一眼就看出谁是成功者。如果他真的是一个领导者，他迈出的每一步，每一个动作都会不言而喻。他浑身上下的每一个细节都泄露了他的内在品质。他的表情与举止充满了自信与肯定;他走路和谈话的样子都很有王者风范，每个人都知道，他相信自己，相信自己身上担负的使命。

几年前，两个年轻人同时从纽约一家公司离职，其中一个人来到我这里寻求建议。还没等他开口说话，我就知道一定发生了令他备受打击的事情或其他什么不幸的事情，因为他的面部表情早已将这一切表露无遗。只见他一副愁眉苦脸的样子，简直就像是突然之间身无分文，失去了所有的朋友。他的整个人毫无吸引力，垂头丧气、步履沉重，身上的衣服脏兮兮、皱巴巴。他告诉我，他觉得自己的运气一直受到了压制，他说自己几年来一直受雇于同一个机构，一直在勤勤恳恳地干活，老老实实地做人，可最终还是被炒了。所以在他看来，重新拼搏一次用处不大，因为他认为自己在有经验的工作中尚且无法胜出，在其他工作中又如何能够成功呢。他的自我感觉已经将自己锁定在失败者的范围之内，他说自己在城市里闯不出一番事业来，恐怕永远也不行，所以，他觉得自己还是再回到农场上吧，虽然他讨厌那里。

很显然，我的这位来访者此刻正出于极度的不安、消沉和压抑中。我竭力告诉他，在他目前这种状态之下，恐怕谁也做不出什么有价值的事情来，也不可能让自己的情况有所大的改观。他必须改变自己的整个心态，培养自己的征服者品质。

又过了几天，我碰到了另外一个年轻人，他和前面所讲的那个人在同一家公司工作，也在同时被解雇，和前面这位来访者遭遇了相同的厄运。但他的身上却丝毫没有颓废的痕迹。他的衣着整洁，精神饱满，脸上没有失败的表情，他的心态是成功者的心态，他的眼神里透出坚定、几乎是桀骜不驯的目光。他看起来很快乐很振奋，我猜想他一定是得到了一个好的职位，然而他却告诉我，他仍然在找工作。但他又说，他相信自己用不了多久就能找到一份更好的工作，对此他从来没有怀疑过。他用自信，但又不狂妄的语气说，他会让解雇他的人看到自己究竟放弃了什么，要证明给他看，自己是一块合伙人的材料。他并不打算长期做职员，也不打算长期从事某个固定职业，他打算要爬到最顶端，亲自做老板。他希望自己一直能够引起他前任雇主的注意，让他看到自己的进步！

如今，这个年轻人自己有了企业，我相信，他一定会比他的前雇主做得更强、更大。总有一天，他会成为一个大公司的总裁。时间将会证明，他比解雇他的人更具管理才能，更加勇往直前、更有创新才能、更具首创精神、更加足智多谋。

由此可见，这两个雇员身上具有的不同素质决定了这两个人之间命运的差异，一个是获胜者，而另一个是失败者。成功者是在哪里跌倒，就在哪里爬起来，然后用更坚定的意志继续前进的人;是一个百折不挠，愈战愈勇的人；是一个永不言败的人。对于这样的人来说，暂时的挫败根本算不了什么，只不过是他生活中的插曲而已。独立战争中的华盛顿吃过的败仗要远多于胜仗。但是华盛顿将军从败仗中悟到的东西比别的将军更多，在败仗中，他成为了一名英勇的斗士。失败为他在日后最终取得成功奠定了基础，让他学会了运筹帷幄，让他的作战计划更加无懈可击，更加用兵如神。他总是能把自己的弱点转化为优势，实际上每一个成功之人大都经历过这样的过程。

我的朋友，如果你正在寻找一个职位，或在追求其他东西，就不要在脸上露出失败的痕迹。如果你这样做了，每个人都会认为，你注定是个失败者。雇主和大多数人都希望和成功者，而不是和失败者打交道。如果你去应聘一个职位，雇主看到你脸上并无胜利者的表情，他很可能会对你说，“十分抱歉，我想这个职位并不适合你。”

一定要记住，雇主要寻找的是具备成功潜质的人，一个藐视一切困难，做事情不受外界环境干扰的人，一个能够销售产品的人。他要寻找的，是具有创新精神、稳定、勇于开拓、精力充沛的人。他想要的人是浑身充满斗志和活力，骨子里坚定，并且能够向全世界展示这些品质的人。你是这种人吗？如果是，为何不让每个人都看到呢？

如果你希望得到别人的帮助，你绝对不能走到哪里都以一副失败者的面目示人。你绝不能留给人们一个印象，表示你此时运气不佳，急需一份工作，只是你对自己没有太大的信心，对自己的能力也持有怀疑的态度。如果你脸上带有失败的表情，如果你在心态上承认了这一点，如果你表现得像一个一无是处的人，如果你的言谈举止、你的态度上没有表现出赢家的气度，如果你没有将足够的活力与力量注入自己的生活中、你的外表中、你的举止中，那么，你留给他人的印象必将不利于你，人们必将不相信你。如果你没有表现出自己的力量和决心，人们就不会信任你，而我们的成功在很大程度上取决于他人对我们的评估。

《裁缝奋斗史》是一部在纽约连续上演数月的戏剧，该剧曾红极一时。剧中的主人公约翰·保罗凭借着自己能够处处摆出一副成功者的架势，从一个裁缝学徒工迅速成为了铁路巨子的合伙人。

这部喜剧反映的是真实的生活，正因为如此，才会有大量的人前来观看，剧场里才会每晚爆满。当然，我在这里并非是要赞许他的某些手段，我只是想说，这部喜剧描述了约翰·保罗很投入地扮演他想要成为的角色，从而得到他想要的一切。它充分说明了一个生活中的道理：保持胜利者的态度具有不可思议的力量。

一个生来的赢家无论走到哪里，都能留给人们一个有能力的印象，这是他做人的方式。人们选他出来，让他解决各种问题，任何事情只要有他参与，肯定能成功。凡做大事情的人，创造历史的人，都是那些将自己看作胜利者的人，在人们眼里，他们是征服者。我们都知道，是我们对他们的期许让他们成为了缔造成功的人。他们脸上有胜利的表情，他们的外表与自己在生活中扮演的角色无比吻合，表现得就像一个习惯于做大事情的人。

当威尔逊总统从巴黎和会上返回美国，途径纽约时，一个人对我说，“他看起来很时尚，对吧。他的穿着、打扮都很恰当，他走起路来的样子和他的每一个动作看起来都像是一个重要人物。”

我的朋友，你为何不让自己也看起来如此呢？当然，不可能人人都是美国总统，但是我们每个人都可以在自己的工作岗位上或者职业领域中占据一个重要位置。只要是涉及到工作质量的事情，我们都可以到达同行业的最高水准。即使我们在自己的行业中并不是最大的，但我们仍要拥有自己的气派。我们应该把自己看作是神圣力量的继承人与获利者。我们是上帝的一个部分，所以，不应该如此轻看自己。如果我们来到这个世界上，却未能证明自己是上帝的孩子，那么，这就是一种罪过；如果我们碌碌无为地度过了一生，没有做出过任何有意义的事情，那么，这就是一种耻辱。

我的朋友，你应该在你的同伴当中，在生活的方方面面，都表现得像是一个身处要职的人物，就像威尔逊总统那样。你必须将你的尊严、你的自尊、你的与生俱来的神圣权利都表现出来，这一切对你都至关重要。你是上帝派到这个世界上来完成某项特殊人物的使者，你在他的伟大计划中占有一席之地。你在生活的舞台上有明确的角色，你必须要像一个真正的男子汉，像上帝之子那样，承担起自己的责任。

如果你的外表和举止表明了你是不可战胜的，如果你能够让看到你的人感觉到，你的表现能关系到一个公司的生死存亡，你一旦着手某一件事情，就必然会将它圆满完成，那么，你就拥有了一笔可观的财富，这一财富要远胜于任何货币资本或者来自某个人的特地关照或支持。另一方面，如果你的外表让人感觉你是一个弱者，你缺乏稳定性和定力；如果你留给人们的印象是能够被轻易打败，当战争进行到白炽化的时刻，你却畏缩不前或投降败阵，那么，人们就不会信任你。他们会认为你不可靠，你的个性软弱，不太可能会成功。所以，他们对你的态度也会相应发生改变。

我们在评估、衡量、考核一个人的时候，会将全部因素都考虑在内，而这一切均来自于他留给我们的印象。一个人面对生活的态度、他的总体举止风格、他对待工作的态度、他的生活哲学、他做事情的效率，这个人能否给人以思想独特、做事彻底的印象，或者是他给人以缺乏管理能力、系统性、条理性和效率性的印象。在评估一个人的时候，所有这一切都是列入考虑范围的因素。因此，我们可以大致估量一下，这个人到底是一个生活的胜利者还是失败者。

说我们想说的话，做我们想做的事。成功并不仅仅靠的是意志力，其他人会在无意识当中多多少少帮助我们向前或拖着我们向后。人们对我们的评价可能会促进我们先前发展，也可能会阻碍我们的发展进程。他们对我们的看法和说法影响着我们的信誉、我们的公司、我们的主顾和客户、我们的立场、我们的声誉。

人类是彼此密切相关的社会群体，没有人能够单枪匹马取得多大的成功。我们彼此互相依靠，不仅仅是因为每个人都在为社会做贡献，从总体上支持这个社会，而且个人的成功也离不开人们的互相帮助。我们的成功与失败在很大程度上同别人对我们的看法有关。

如果你想要获得成功，你就要保持一个成功的心态，留给人们一个好印象。你要对自己的未来、志向、梦想抱有胜利的期待，要抱有一个成功者的态度。你要学会释放自己的力量，让你的一切都散发着自信、力量、胜利、王者的魅力，让每一个和你有关的人都看到，你是天生的赢家。

任何时候，你都不能以一张灰心丧气的面孔出现在人们面前，给人感觉你一直生活在失望当中，你没有什么特别的志向，你期盼的是失败而不是成功。如果你在任何事情上都想要胜过其他人一筹，如果你想要在这个世界上担当一定的责任，如果你希望自己的邻居为住在你家附近而感到骄傲，那么你就决不能再把自己看作是一个百无一用的人，一个不幸运的人，一个备受践踏、毫无机会的人。你必须去掉身上寒酸、卑微的影子，用你理想中的形象，用上帝自己的形象去取代它。如果你希望自己突破现有的一切，那么，你就要一直将自己想象成为你渴望已久的最佳形象。

不要等到明日再做改变，明日复明日，明日何其多。现在就打起精神来，从各个方面开始做起。保持自己的品味，不要像个失败者那样邋里邋遢，不修边幅。穿上自己最好的衣服，精神振奋，抬头挺胸，充满斗志。当你走出去的时候，一定要让这个世界看到，你是一个自我感觉良好的人，你有理由这样做。要让每个人都看到，你明白自己来到世界上的崇高使命，你在生活这场戏剧中扮演的是一个高贵的角色。要告诉每个人，你并没有辜负自己与生俱来的神圣权利。

每当我听到年轻人谈论他们很可能会失败之时，心中总免不了有些惆怅，因为这种说法是对上帝的不忠。原因何在呢？对于一项重大的任务而言，拥有年轻本身就意味着胜利者、前途光明者和先驱者。年轻意味着胜利是因为每一个正常的年轻人外表看起来都更加有朝气、更向上。年轻人有冲劲，他们有一种奋力向上爬的本能。年轻人的身上充满对未来的希冀与对远大前程的渴望。

从最积极乐观的角度去解释，成功是每一个人生来的权利，人是为成功而活着的，成为一个失败者有悖于造物主的意愿。不论是哪一个孩子，我们都应当从他 / 她一出生起，就教育他 / 她，让他 / 她明白自己是神圣的，是未来的“上帝”，自己带着上帝的消息来到这个世上，因为自己是上帝派来的信使，时间一到，就必须将他的信息传递给人类。要让他 / 她明白，同各种困难作斗争就好比是在体育场上接受训练，只有通过训练，获胜者的肌肉才会更加强壮，才会让下一步的训练更加容易，并保障训练效果。要让孩子明白，让每一个问题在学校就得到解决，每一个举动都要恰当、有礼貌，要出色完成每一项作业，这一切都会大大增加他 / 她获胜的能力，提高他她 / 成功的可能性。

我们应当教育每一个年轻人，让他们能够用一个胜利者的态度对待生活，表现出一副胜利者的姿态，因为我们具备获胜的力量。当他为自己的生活做好准备之时，他应该抬起头来，带着自信向前走，并且要坚信，自己定会为这个世界做出卓著的贡献。

如果你想要打造成功的生活，那就不要再去谈论失败、贫穷和差劲的身体，抛掉你那副失败者的表情。你要谈论成功，想着成功，表现得像个成功之人，脸上带有成功者的神情。你要谈论健康，想着健康，因此让生命中充满健康而不是疾病。要在脑海里时刻想象自己想要成为的那个人，做你想去做的事情。既然着手了一件事，就不要去想那些不利于它的事情。你要时常想着自己所追求的东西——发达、富足、成功、健康、快乐，不要再去琢磨疾病的苗头，想一些丑陋的、令人不悦的事情。让你的大脑中充满积极、向上、具有建设性的思想，让你的整个态度、穿着、举止风度、谈话，你的一切都遵照你想要成为的那个人。

在这个世上，态度至关重要。面对工作，你是戴着一副常胜将军的姿态，态度坚决、信心十足、毫不动摇、兴高采烈地接受呢，还是没等工作开始，你的脑子里就已经充满了摇摆不定、胆小怯懦、怀疑害怕的思想，你就已经面带忧愁，露出了失败者的神情？

只要你不断用乐观的态度、胜利者的姿态来支持自己重大的想法和理想，用不了多久，你就会吃惊地发现，你的情形已经发生了很大的改观。你在身体锻炼方面所付出的努力会给你带来全新的感受，会提高你的效率。你很快就能看到你所期待的事情，而不是你所害怕的事情，你的梦想开始向现实转化。

在成年人当中，最难克服的困难之一，也是最能影响到效率和成功的弱点便是接受失败的习惯，不去想尽一切办法同困难作斗争，从而最终胜出的习惯。

最初的时候，失败只是偶尔的遭遇，程度也很轻。但是，除非我们有能力将绊脚石转变为垫脚石，否则，我们会逐渐习惯于遭遇失败。除非我们性格中有某些东西让我们在经历失败后更加坚定，让我们愿意为成功付出更多艰辛，否则，每一次失败只能让我们更麻木，更无所谓，直到最后，失败就会成为一种习惯。到那时，我们的自信会消失，我们的志向会偃旗息鼓，我们就会自然而然地、轻而易举地滑向失败者的行列。

我们应到教育每一个孩子，让他们明白，善于征服、把想做的每一件事情做成功是非常重要的习惯，是让我们受益终身的习惯。培养这种习惯几乎和养成失败的习惯同样容易，一旦这种习惯成型，它就会变成一种本能，支持着我们，直到我们胜出为止。当获胜成为一种习惯时，你自然就会表现得像个胜利者。

人，只有在学会用胜利的态度对待生活之后，也就是说，只有在他明白要永远面向胜利、绝不面向失败后，只有在他具备了“米拉博”式的心态之后，才真正完成自己的教育过程。

米拉博如是说:“我们只有事事处处取得成功，才能称自己为‘人’。永远不要不屑于某些事，也不要认为自己一无是处。只要愿意，万事皆有可能。”

要善于结交良朋好友

大部分美国人都有一种特长，就是善于观察别人，并能够吸引一批才识过人的良朋好友来合作，激发共同的力量。这是美国成功者最重要的、也是最宝贵的经验。任何青年人一跨入社会都应该学会待人接物、结交朋友的方法，以便互相提携、互相促进，否则，单枪匹马绝对难以发展到成功的地步。

送给
渴望成功的你！